Brian Bouillon-Baker

Joséphine Baker
l'universelle

Introduction de Gilles Trichard

éditions du
ROCHER

Cet ouvrage a déjà été publié en 2006 sous le titre
Joséphine Baker, le regard d'un fils aux éditions Patrick Robin.

Pour la présente édition,

Éditions du Rocher
28, rue Comte Félix Gastaldi – BP 521 – 98015 Monaco

www.editionsdurocher.fr

ISBN : 978-2-268-10682-3
EAN Epub : 9782268106847

À la mémoire de Grace de Monaco
et à celle de mon frère Moïse.

Une héroïne

par Dee Dee Bridgewater

À mes yeux, Joséphine Baker est l'image parfaite de la communion entre la France et l'Amérique noire. Rappelons qu'elle fut la première personne noire à être acceptée en France.

Lorsque je suis arrivée à Paris, en 1984, moi l'artiste noire américaine, j'étais fascinée par son histoire, ayant lu quelques livres sur elle. Elle était un modèle, un puissant moteur.

Avec l'exemple de Joséphine gravé dans ma tête, je savais que tout était possible aussi pour moi. Sans elle, je n'aurais pas eu cette carrière.

Avec la Tribu Arc-en-ciel, cette militante audacieuse et visionnaire avait voulu montrer qu'on pouvait rêver d'un autre monde. Au lieu de discourir sur le monde, elle avait fait son propre monde. J'attendais depuis longtemps qu'un de ses enfants raconte comment elle était en tant que maman. Lorsque j'ai mis les pieds aux Milandes, j'ai dit « ouah », j'ai pleinement réalisé que c'était un vrai projet, courageux et ambitieux.

Je me souviens de ma première rencontre avec certains enfants de la Tribu. Il y avait Stellina, Akio et Brian. C'était comme un rêve. Grâce à ces enfants, j'avais l'impression de faire un peu partie de sa vie. Brian était quelque peu circonspect. Venais-je les voir par véritable amour de leur mère ou par opportunisme ?

De mon côté, j'avais gardé un petit secret. J'avais appris par ma grand-mère, Eileen, que sa sœur, donc ma grand-tante, Lottie Gee, avait été danseuse avec Joséphine Baker dans le Broadway des années 20 et qu'elle l'avait convaincue de tenter sa chance à Paris.

Introduction

par Gilles Trichard

Retour sur un phénomène

En ce 15 avril 1975, sous un ciel gris parsemé d'éclaircies, des centaines de personnes convergent vers la place de la Madeleine. Des couronnes mortuaires affluent du monde entier. Dans l'église, aux premiers rangs, on distingue Michel Guy, secrétaire d'État à la Culture, le général d'armée Alain de Boissieu, le général Valin, Compagnon de la Libération, la princesse Grace de Monaco, Sophia Loren, Line Renaud, Jean-Claude Brialy, Bernard Blier, Serge Lifar…

Le président Valéry Giscard d'Estaing, absent, a fait parvenir un texte qui évoque « la reconnaissance de la France dont le cœur a si souvent battu avec le vôtre ».

« Paris a eu pour Joséphine un coup de cœur », déclare le chanoine Thorel, curé de la Madeleine. À ses côtés se tiennent le père Lengder, aumônier des artistes, et un prêtre togolais, le père Ballong, en larmes. Sous la direction du compositeur et maître de chapelle Joachim Havard de la Montagne, la messe est tout en musique. Grégoriens, Sunny Boy et le *Requiem* de Mozart.

À la sortie, après être passé devant une double rangée de drapeaux français et américains, le cercueil en acajou est transporté à travers Paris. Une foule silencieuse se presse tout au long du parcours. Sur la première chaîne de télévision, Yves Mourousi commente ces « obsèques nationales pour la grande Joséphine ».

Le convoi funéraire effectue une courte halte devant la façade illuminée du Théâtre Bobino. C'est là que, quelques jours auparavant, elle est remontée sur les planches dans « La Revue Joséphine » avant d'être victime d'un malaise en pleine nuit (après la quatrième représentation) qui l'a plongée dans un coma profond.

Dans le cercueil, elle porte la robe de scène en mousseline dans laquelle elle vient de triompher. À près de 70 ans, elle voulait que ses retrouvailles avec Paris fussent éblouissantes. 15 décors, 400 costumes, 2000 paires de chaussures : « La Revue Joséphine » retraçait les grandes étapes de sa longue carrière.

« Le rythme émane de tout son être comme une sécrétion, le charme de Joséphine opère toujours », avait observé Gilberte Cournamia, dans *Le Parisien.* Ce rythme effréné, l'artiste va-t-elle pouvoir le suivre ? En arrivant à Bobino pour ses noces d'or du spectacle, elle avait lancé : « Je vous préviens tout de suite, j'ai 34 ans d'un côté,

35 de l'autre. » Pendant les répétitions, elle glisse à André Levasseur, concepteur du spectacle : « Mon plus cher désir est de réussir une dernière fois, après je pourrai mourir. »

Joséphine Baker meurt le samedi 12 avril, à 5 heures du matin, à l'hôpital de la Salpêtrière, terrassée par une congestion cérébrale. « Pendant 50 ans, les chroniqueurs du monde entier ont refusé de voir les marques de l'âge sur cette cariatide longue, fine, ondulante, avec une taille d'abeille et des jambes de nymphe », commente alors Roger Chateauneu, dans *Paris Match.*

Le cercueil de Joséphine Baker quitte Paris pour Monaco où va avoir lieu son inhumation.

Pendant plusieurs jours, la France tout entière rend un hommage à « l'Idole de bronze et d'acier bruni », comme l'appelait Jean Cocteau, à « la Joséphine nationale », à « la coqueluche des Français », à celle qui était entrée dans la légende du music-hall français avec son apparition au Théâtre des Champs-Élysées cinquante ans plus tôt.

Des quartiers pauvres de Saint-Louis aux Champs-Élysées

Joséphine Baker est née aux États-Unis, dans une ville découverte et fondée par des Français, et qui appartint à la France jusqu'en 1803. Signe du destin ? Freda Joséphine McDonald voit le jour le 3 juin 1906 à Saint-Louis, dans le Missouri, un ancien État esclavagiste du Middle West. Ses parents sont des artistes qui vivent péniblement de numéros de danse et de chant. Eddie Carson est un homme blanc et Carrie McDonald, une femme noire au long corps sculptural, issue d'une lignée d'esclaves d'Afrique noire. Un an plus tard, ils se séparent. Carrie doit faire des lessives pour survivre. Elle a ensuite trois autres enfants avec un autre homme : Richard, Margaret et Willie Mae.

Dans le taudis du bas quartier de Saint-Louis, Joséphine vit dans des abris de carton, dans la crasse et l'humidité, au milieu des rats. « Tumpie », comme la surnomme sa mère, doit très jeune se mettre au travail.

Mal aimée de sa mère, placée à 8 ans dans la maison d'une Blanche, puis maltraitée, elle se réfugie chez sa grand-mère et sa tante Elvara.

Durant l'été 1917, une importante émeute raciale éclate à Saint-Louis : des extrémistes blancs pénètrent dans le quartier noir de la ville. Une centaine de Noirs sont tués et plusieurs milliers laissés sans abri. Joséphine assiste à ce pogrome. Cet événement restera à jamais gravé dans sa mémoire. La famille s'enfonce dans la pauvreté. Avec sa sœur Margaret, elles fouillent les poubelles dans les quartiers riches à la recherche de nourriture et surtout de têtes de poulet pour faire du bouillon.

Tumpie danse tout le temps. « C'était le meilleur moyen que j'avais trouvé pour me réchauffer », confiera-t-elle plus tard.

Elle devient bonne à tout faire, corvéable à souhait jusqu'à ce jour de 1916 où, près de son domicile, un bonimenteur dresse une estrade et organise un concours de danse. Joséphine gagne le concours et rentre à la maison avec son premier billet d'un dollar gagné autrement qu'en tâches ménagères. Un déclic dans sa tête. Elle a 10 ans.

Quelques années plus tard, elle quitte le foyer familial et devient serveuse. Sa mère la marie à un inconnu bien plus âgé, Willie Wells, un homme violent. Elle n'a que 13 ans. Au terme d'une énième bagarre, elle se libère de son joug en le frappant à coups de bouteille. Elle apprend dès lors à vivre seule. Un tournant décisif.

C'est alors qu'elle fait la connaissance de la famille Jones, un couple de musiciens et leur fille qui l'intègrent à leur troupe, The Jone's Family Band, qui se produit au théâtre de Washington, à Saint-Louis. Maigre après des années de sous-nutrition, Joséphine n'a pas le gabarit d'une danseuse. Elle apprend un numéro comique où elle souffle dans un trombone et exécute des pas de danse rapides. Elle fait le clown et roule des yeux. Un mélange d'érotisme et de drôlerie qui enthousiasme le public et va fonder son identité artistique. Mais ce qu'elle préfère, c'est la danse des « jambes en caoutchouc », figure à la mode chez les danseurs de jazz des années 20. Le directeur d'une troupe en vue, les Dixie Steppers, la remarque et l'engage comme habilleuse. C'est la première fois qu'elle quitte Saint-Louis.

La troupe effectue une tournée à La Nouvelle-Orléans, puis se rend dans le Nord, jusqu'à Philadelphie, où Joséphine franchit une nouvelle étape. En avril 1921, au Gibson Theater, elle intègre le corps de ballet des Dixie Steppers, remplaçant une danseuse blessée. Les danseuses lèvent bien haut les gambettes, mais elles le font par automatisme, l'air un peu blasé.

Parmi elle, il y a une fille de plus en plus en décalage avec la figure collective, bondissante, enthousiaste, dégageant une énergie extraordinaire…

C'est à cette occasion qu'elle fait la connaissance de Willie Baker qui devient son second mari et lui donnera son nom définitif. Lorsque la troupe se sépare, Joséphine décide de tenter sa chance à New York. Direction Harlem, terre promise pour tous les Noirs qui veulent s'extraire de la pauvreté et de la ségrégation.

Mais c'est à Broadway que la chance lui sourit enfin. La revue « Shuffle Along », la première comédie musicale noire de Broadway, est un triomphe. Elle essaie de devenir choriste. Mais, trop jeune, elle n'est pas retenue et continue à répéter avec opiniâtreté la danse et le chant tout en travaillant comme habilleuse. Elle s'impose comme remplaçante quand une danseuse quitte la troupe. Le public apprécie son numéro comique.

Sissle et Blake, les inséparables créateurs du spectacle, réalisent qu'ils ont une « perle noire entre les mains ». Ils en font leur protégée. Pendant plus d'un an, la troupe de « Shuffle Along » tourne à travers l'Amérique. Joséphine est reconnue comme artiste.

Elle enchaîne en 1924 avec le nouveau spectacle de Sissle et Blake, « The Chocolate Dandies », dont elle tient l'un des rôles principaux. Elle excelle dans les bouffonneries qui l'ont fait connaître, mais porte aussi une robe étincelante de satin blanc fendue sur le côté qui va fonder son image.

La petite indigente de Saint-Louis gagne 150 dollars par semaine.

Une fois fini « The Chocolate Dandies », Joséphine se produit au Plantation Club, une copie du Cotton Club, à Broadway. Sur scène, les « Noirs blancs » triomphent. C'est la mode de la « négresse au visage pâle ». Elle est frappée de voir que dans cet établissement, les Blancs et les Noirs sont mélangés. Elle repense aux émeutes de 1912.

Et quelle surprise de voir qu'il y a des serveurs français. Parmi eux, un certain Albert qui lui montre des photos de la tour Eiffel. Dans son imaginaire, Paris est déjà là.

Un soir, Caroline Dudley, conseillère artistique du directeur du Théâtre des Champs-Élysées, se trouve dans le public. Le théâtre parisien, inauguré en 1912, pâtit de sa localisation dans un quartier d'hôtels et de couturiers plus que de spectacles. Rolf de Maré, qui l'a acheté en 1925, veut en faire une salle de music-hall. Reste à trouver le spectacle phare. Emballé par l'exposition d'art nègre au musée des Arts décoratifs, le peintre cubiste Fernand Léger a convaincu son administrateur André Daven : « Donne-leur des Nègres, il n'y a que les Nègres pour réveiller Paris. » Caroline Dudley n'a pas de mal à convaincre Joséphine, consciente que son rôle à New York se limitera toujours à celui d'une bouffonne. L'affaire est conclue et elle est engagée avec les musiciens de l'orchestre de Claude Hopkins – au sein duquel officie un certain Sidney Bechet – et des danseurs de la troupe des Black Roots, pour un spectacle qui aura pour titre « La Revue nègre ».

Coup de foudre pour Paris

Ce 22 septembre 1925, Joséphine sort de la gare Saint-Lazare. Après la traversée New York-Le Havre, elle est fatiguée et excitée de découvrir Paris. Sa première image : des hommes et des femmes s'embrassant dans la rue. On lui indique que des photos de femmes nues sont même en vente libre. Oubliée l'Amérique puritaine.

Témoignage d'André Daven, dans *Les Nouvelles littéraires* du 28 mai 1959 : « La gare Saint-Lazare déverse son lot quotidien de banlieusards tristes et pâles, quand soudain sous un bibi extravagant, en salopette de jardinier à carreaux noir et blanc, une jeune femme longue et souple, se détache du groupe et s'exclame “And so this is Paris”. » Essais avec le metteur en scène, transfuge du Moulin-Rouge. Il lui dit qu'elle doit poser nue. Elle hésite quand un membre de l'équipe lui dit lourdement : « La couleur de ta peau, ça fait habillé. »

L'événement de l'année

On peut lire dans *Comœdia* du 1er octobre 1925 : « Ce soir, première représentation de “La Revue nègre”. Chanteurs, chanteuses, danseurs, *girls,* 25 artistes nègres. Le Jazz le plus formidable. Toutes les étoiles noires pour la première fois à Paris. »

La première de « La Revue nègre » a lieu le 2 octobre 1925. À guichets fermés. Parmi les spectateurs, on distingue

Robert Desnos, Picabia, Blaise Cendrars... Sur la scène, des décors naïfs, des jambons et des pastèques en carton, une toile de fond figurant un bateau à vapeur du Mississippi. Joséphine commence par un numéro de clown. Vêtue d'une chemise déchirée et d'un short en lambeaux, elle se dandine, les genoux écartés et pliés. L'orchestre joue « Yes Sir, that's my Baby ». Joséphine se met à danser le charleston, inspiré des danses primitives. Comme à l'époque de Saint-Louis, elle grimace, louche et gonfle les joues. Ses jambes, son visage semblent être en caoutchouc. Tel un pantin désarticulé, elle réalise un grand écart et effectue plusieurs contorsions. Le public est subjugué. Elle quitte la scène à quatre pattes, les jambes raides, le derrière plus haut que la tête. Devant ces bizarreries, Picabia exulte.

Plusieurs saynètes évoquent la vie des Noirs. Des figures stéréotypées du « sauvage » ou du « bon Noir », à l'image des dessins que l'on peut voir dans les gazettes de l'époque. Les spectateurs retiennent leur souffle. Ils attendent l'apothéose, l'indécent, le sulfureux.

Sydney Bechet joue un rythme mélancolique. Soudain, Joséphine bondit comme mue par un ressort, les seins nus, portant une ceinture de plumes sur une culotte de satin et un col de plumes rouges autour du cou. (C'est dans la « Folie du Jour » aux Folies-Bergère, quelques mois plus tard, qu'elle portera la ceinture de 16 bananes.) Elle interprète un tableau baptisé « La Danse sauvage », évoquant l'accouplement primitif avec des pauses suggestives sur du jazz aux variations étonnantes, passant de rythmes lancinants à de brusques accélérations.

L'excitation est à son comble. Sifflements, explosions de rire. Des « ouh! », « scandaleux! », « remboursez! » fusent. La salle est envoûtée par cette expression innocente du désir. Pour finir, Joséphine se lance dans une danse du ventre.

Son corps magique, c'est le spectacle. Des hommes rougissent aux premiers rangs. D'autres quittent la salle. C'est la première fois qu'une artiste se produit nue. Sensualité, exubérance, provocations.

Bonne sauvage, à la fois enfantine, ingénue et animale, Joséphine Baker est propulsée vedette du jour au lendemain. Elle devient « la première star noire et la première star à se montrer presque nue ».

Les critiques vont se déchaîner, entre euphorie et hostilité, certaines évoquant une « déesse libertaire ». De véritables réquisitoires, sur un ton de juge de paix, vont contribuer à la publicité autour de « La Revue nègre ».

Florilèges des réactions dans la presse :

René Bizet, dans la revue *Candide* :

« Qu'on ne vienne pas nous dire après ce spectacle que les Américains sont pudiques! Ces Noirs savent faire des caractères grotesques. Il n'y a pas de finesse ou très peu dans leur ironie. Ils ont dans leurs gestes un désordre qui fait souvent confondre leurs ébats avec la danse de Saint-Guy. »

Robert de Flers, Académicien et grande plume au *Figaro* :

« Jamais un être vivant n'atteint à une pareille mobilité du bassin. De maigres théories de Négresses blanches en détentes, d'impénétrables couplets, de vagues hurlements, mimique dont l'obscurité puérile exclut toute volupté, une frénésie pleine de tristesse, une noire bacchanale sans Bacchus, voilà "La Revue nègre" [...]. Cette jeune Négresse ne saurait être rendue responsable de cette lugubre parade et je suis assuré qu'elle n'a jamais songé à fonder sur la mobilité de son train arrière les principes d'une esthétique nouvelle et le retour à l'humanité primitive. »

Dans *Candide*, Pierre de Régnier :

« Est-ce un homme, est-ce une femme ? Son corps se tortille comme celui d'un serpent ou plus exactement un saxophone en mouvement et les sons de l'orchestre ont l'air de sortir d'elle-même, elle est grimaçante et contorsionnée, elle louche, elle gonfle ses joues, se désarticule, fait le grand écart et finalement part à quatre pattes, avec les jambes raides et le derrière plus haut que la tête, comme une girafe en bas âge. Ce n'est pas une femme, ce n'est pas une danseuse, c'est quelque chose d'extravagant et de fugitif comme la musique. Cette danse d'une rare inconvenance est le triomphe de la lubricité, le retour aux mœurs des premiers âges. »

André Levinson, dans *Comœdia* du 12 octobre :

« Certaines poses, les reins incurvés, la croupe saillante, les bras entrelacés et élevés en un simulacre phallique, évoquent tous les prestiges de la haute statue nègre, le sens plastique d'une race de sculpteurs et les fureurs de l'Eros africain nous étreignent, ce n'est plus la *dancing girl* cocasse, c'est la Vénus noire qui hanta Baudelaire. »

Yvon Novy, dans *Comœdia* du 4 octobre :

« Surprenante Joséphine à la fois mime, chanteuse, danseuse et parvenant à nous surprendre à chaque fois. Tout est dû à l'envoûtement crispé auquel on ne peut échapper. Tout vibre, tout s'agite. »

Paul Brach, dans *Comœdia* du 12 novembre :

« "La Revue nègre" s'est mise au diapason d'une époque pour en exprimer le ton, la mesure, la vitesse, la vibration [...]. Ces danseuses sont l'orchestration de nos émotions quotidiennes, le triomphe de l'instinct. »

Explication d'un phénomène

Il convient de se replonger dans le contexte historique de l'événement. Après le lourd tribut payé à la Première Guerre mondiale par les tirailleurs sénégalais, le regard porté sur les Noirs a changé, même si la citoyenneté française leur est peu souvent accordée et si les pensions de guerre sont inférieures à celles des Blancs. Le thème de la « sauvagerie primitive des Noirs » est moins répandu. Certes, on exhibe encore des Nubiens comme des bêtes curieuses dans les zoos humains du Jardin d'acclimatation, mais on respecte davantage les Noirs. Il est vrai qu'à Paris s'est tenu en 1919 le premier congrès panafricain avec l'Association nationale pour le progrès des gens de couleur, et un écrivain noir a reçu le Prix Goncourt en 1921, le Martiniquais René Maran, pour son roman *Batouala*. « Précurseur de la négritude, tout le roman nègre procède de lui », dira Léopold Sédar Senghor.

Joséphine Baker se retrouve ainsi dans une société beaucoup plus ouverte aux Noirs que la société américaine, profitant de l'enthousiasme des Parisiens pour le jazz et les musiques noires. Joséphine découvre un monde qui n'est pas soumis à la ségrégation, même si le racisme existe. Elle a le sentiment que tout est permis. Nous sommes pendant les Années folles.

L'ambiguïté d'un succès

Si aujourd'hui Joséphine Baker symbolise la libération de la femme, elle représente à ce moment-là la Négresse des îles, une attraction venue de l'autre bout de l'océan, une sorte de fantasme colonial qu'elle va incarner plus tard à l'écran dans *Princesse Tam-Tam*.

D'une certaine manière, la « Revue nègre » est une ode à l'empire colonial dont Paris est la capitale. Elle véhicule des stéréotypes qui, sous couvert d'exotisme, présentent le « bon petit Nègre venu d'ailleurs ». Peu importe que l'artiste noire soit une pure Américaine, elle incarne le fantasme de la sauvage civilisée. Faut-il rappeler qu'à cette époque, aux yeux de nombreux observateurs blancs, les danses africaines expriment une telle indécence, une sensualité si débridée, qu'elles ne peuvent que résulter de l'infériorité propre aux primitifs ?

Certains écrivains comme Philippe Soupault ou René Crevel dénoncent les abus de cette mode nègre. Crevel écrit : « Pour les Blancs, les Noirs sont seulement des moyens, des occasions de divertissement au même titre que les esclaves des riches Romains pendant l'Empire. » Philippe Soupault accuse les Blancs d'avoir instrumentalisé la beauté noire pour le simple désir de satisfaire à leurs fantasmes.

Ce sont les mêmes qui participeront au *boycott* de l'Exposition coloniale en 1931. Les Parisiens et les représentants de l'État français s'y félicitent de la « grandeur de l'Empire colonial », et aussi de la « supériorité visible » de la population blanche sur les autres. Exposition coloniale dont la reine est… Joséphine Baker.

Joséphine Baker a-t-elle conscience de l'ambiguïté de son succès en montant sur les planches ? Lorsqu'on lui pose la question, elle se contente de répondre : « Puisque je personnifie la sauvage sur scène, j'essaie d'être civilisée dans la vie. » Quand elle chante « Je voudrais être blanche », se rend-elle compte de l'impact de ses paroles ? Peu importe. Elle pense à sa carrière. Surtout, elle a l'intime conviction que son succès peut *in fine* servir la cause des Noirs.

Noire, Joséphine Baker ne l'est pas complètement. C'est une danseuse afro-américaine, une métisse. Ni noire, ni blanche. Probablement, cette nuance a-t-elle compté dans le regard des autres…

Un phénomène de mode

Celle que Pierre Lazareff appellera « l'enfant gâté de Paris » devient un modèle pour beaucoup de femmes et fait des émules dans toutes les catégories sociales.

Dans le Paris des années 20, « Joséphine » devient synonyme de liberté. Avec ses petits seins, ses hanches dénudées, ses cheveux noirs courts et collés à la Gomina, elle bouscule les traditions et cristallise les aspirations au changement des mœurs. Des couturiers, comme Paul Poiret, qui veulent « libérer le corps des femmes », l'ont bien compris. Joséphine est leur mannequin fétiche. Colette décrit la femme des années 20 ainsi : « [...] vue de dos, elle a 10 ou 12 ans, comme beaucoup de femmes d'aujourd'hui. De face, elle semble un peu fatiguée de jouer si longtemps à la petite fille. » Joséphine va contribuer à l'émancipation des femmes.

Des femmes se passent la peau au brou de noix pour lui ressembler ; s'enduisent les cheveux de Bakerfix pour avoir une « coupe à la garçonne » alors que les cheveux longs ou montés en chignon sont la règle.

Le charleston, danse au rythme syncopé, devient la danse des Années folles. Les affiches du publicitaire Paul Colin montrant la silhouette nue de Joséphine sont placardées dans tout Paris. Alors que les dessins ou affiches avaient jusque-là montré des Noirs dans des situations peu valorisantes, on découvre une esthétique du corps noir. La « Revue nègre » contribue aussi à faire connaître la mode nègre en France. « Depuis que "la Revue nègre" est arrivée au Gai Paris, je dirais qu'il fait de plus en plus noir à Paris. D'ici peu, il fera tellement noir qu'on craquera une allumette, puis on en craquera une autre pour voir si la première est allumée ou non », commentera Joséphine Baker.

La muse des artistes

Le scandale de la « Revue nègre » faisant place à l'engouement général, elle devient une sorte de mascotte des cubistes qui vénèrent son style et ses formes. Elle est la « muse noire », celle qui incarne l'art nègre et le primitivisme chers aux dadaïstes. Les surréalistes vont jusqu'à proposer de remplacer la statue de Jeanne d'Arc par une sculpture à son effigie.

Elle sert de modèle à Van Dongen, Man Ray, Henri Laurens, Foujita et Picasso.

Au-delà, elle devient la coqueluche du Tout-Paris, des journalistes, écrivains et artistes. Certains n'ont d'yeux que pour elle, d'autres vont plus loin. Georges Simenon devient son secrétaire et amant. Colette la surnomme « la plus belle panthère ».

Toutes ses rencontres artistiques, Joséphine les fait à Montmartre et à Montparnasse. C'est l'époque où débarquent à Paris les grands écrivains anglo-saxons du XXe siècle, pour trouver l'inspiration dans la Ville lumière et s'encanailler le soir à Montparnasse dans les fêtes arrosées du Dôme et de la Coupole. Elle devient la maîtresse d'Hemingway qui dira d'elle qu'elle était « la plus belle femme qu'il [eût] connue ».

C'est un Paris romantique où les musiciens de jazz, de Sidney Bechet à Miles Davis, cherchent la reconnaissance. Le succès de « la Revue nègre » décomplexe les artistes noirs et encourage la communauté noire à se retrouver sur des airs de musique, par exemple au Bal nègre de la rue Blomet (dans le XVe arrondissement), « exclusivement réservé aux spectateurs noirs, antillais, africains et afro-américains ».

Le monde littéraire trouve dans la mode nègre une nouvelle source de création. C'est le cas de Philippe Soupault avec son musicien de jazz dans le roman *Le Nègre*. Francis Scott Fitzgerald cite Joséphine Baker dans une de ses nouvelles. Paul Morand s'inspire directement du personnage de Joséphine dans *Magie noire*.

Pour accueillir tout ce beau monde, la « Vénus noire » ouvre plus tard un cabaret à Paris, « Chez Joséphine », rue Fontaine. Elle va redonner un second souffle aux cabarets parisiens dont le succès s'essoufflait depuis « Le Chat noir ». Elle lance la mode des cabarets animés par des vedettes féminines. Les émules s'appellent Suzy Solidor, Lucienne Boyer, Lise Gauty et plus tard Mireille (du Petit Conservatoire). Pour Joséphine commence alors une immense carrière artistique de chanteuse de music-hall et de meneuse de revue.

Outre son jeu de scène, elle a un sens inouï de la repartie avec le public qui, pourtant, est difficile et exigeant.

C'est l'époque où l'on n'hésite pas à lancer des tomates et à hurler son mécontentement. Joséphine apostrophe les spectateurs, s'asseoit au bord de la scène, les jambes pendantes, pour établir une vraie communion sur le mode humoristique avec ce public parisien qui l'a adoptée. De temps en temps, face à des yeux masculins concupiscents aux premiers rangs, elle lance : « Attention, Mesdames, occupez-vous bien de vos maris si vous ne voulez pas qu'ils aillent voir ailleurs. »

Ce que l'on sait moins, c'est que sans renfort de publicité, Joséphine est alors marraine d'associations de clochards du côté de la Butte Montmartre. Elle n'a pas oublié d'où elle vient. Pour aider les pauvres, elle lance l'idée de repas gratuits dans la rue. Une pionnière des Restos du Cœur.

Les Folies-Bergère

Le cabaret des Folies-Bergère ne tarde pas à lui ouvrir ses portes. Le lieu est connu dans le monde entier pour ses spectacles grivois. Son directeur, Paul Derval, fait de Joséphine sa vedette pour la saison 1926-1927. La première revue, « Folie du jour », est un triomphe. On y voit Joséphine en état de grâce avec son célèbre régime de bananes autour de la taille, dont la connotation sexuelle n'échappe à personne, faisant les yeux doux à un explorateur blanc entouré de danseurs noirs à demi-nus. La polémique rebondit. Deux camps s'opposent à nouveau dans Paris.

Une ligue de vertu et un groupe anti-pornographique organisent des rassemblements devant les Folies-Bergère.

C'est durant cette période que Joséphine rencontre Giuseppe Pepito Abatino, qui se fait passer pour un comte sicilien et traîne une réputation de gigolo. Il devient son manager et compagnon. Il prend sa carrière en main, l'encourage à chanter et à se vendre pour atteindre de nouveaux sommets. En juillet 1930, Joséphine enregistre six chansons sous étiquette Columbia. Elle réalise beaucoup de publicités et fait même des réclames pour les machines à coudre Singer… On la voit au départ des étapes du Tour de France, embrassant les champions.

Au début des années 30, Pepito persuade Joséphine de faire une tournée en Europe. Dans la plupart des capitales européennes, son arrivée provoque aussitôt des rassemblements d'opposants. Elle est devenue un phénomène qui divise les opinions publiques et cristallise les sensibilités politiques.

À Vienne, des étudiants d'extrême droite manifestent pour empêcher les « artistes de couleur » de se produire. Avec l'appui de l'Église catholique, ils font pression sur la mairie pour lui interdire de chanter au Théâtre Ronacher. L'opposition s'adresse au parlement et, durant plus de trois heures, Joséphine la scandaleuse est au centre des discussions. On devise sur « l'effet néfaste de ses prestations » et « le caractère décadent de sa nudité ». Finalement, Joséphine peut se produire au Ronacher. Mais avant l'ouverture des portes du théâtre, les cloches de l'église Saint-Paul, située à proximité, se mettent à sonner pour manifester le mécontentement de l'Église. En Allemagne, sur fond de montée du nazisme, des groupes se déchaînent et, pour éviter des troubles de l'ordre public, des mairies – celle de Munich notamment – décident d'annuler ses spectacles. Joséphine n'hésite pas à improviser des chansons sur la place publique pour braver ces oukases et montrer aux yeux de tous qu'elle n'est pas impressionnée.

En même temps, ce parfum de scandale lui fait une immense publicité en Europe. On n'a jamais autant parlé d'elle et ses enregistrements circulent sous le manteau.

De retour à Paris, Joséphine devient la vedette du Casino de Paris dans une revue qui s'intitule « Paris qui remue ». Son directeur, Henri Varna, veut faire d'elle plus qu'une curiosité mais une vedette du music-hall à part entière. Il lui offre un léopard, Chiquita, avec lequel Joséphine va poser pour les affiches et programmes de la revue. Les Parisiens découvrent une femme élégante quelque peu assagie. Après avoir interprété « La Petite Tonkinoise », du parolier Vincent Scotto, qui raconte l'histoire d'amour d'une Vietnamienne et d'un colon français, Joséphine entonne « J'ai deux amours », chanson taillée sur mesure par Henri Varna avec Vincent Scotto, succès planétaire aujourd'hui encore. Sa voix est très aiguë et haut perchée, elle n'est pas vraiment en accord avec les musiciens, mais c'est un triomphe.

La revue fait l'unanimité chez les critiques, y compris auprès de ceux qui avaient la dent dure contre elle, et les spectateurs affluent. Au grand dam de Mistinguett, plus grande vedette de l'époque qui enrage de voir Joséphine lui damer le pion. Inconsolable, « la gamine des faubourgs » refusera même un jour de partager une loge avec sa rivale. « T'inquiète pas, c'est une Négresse », lui glisse son amoureux, un certain Maurice Chevalier.

Avec ses cachets faramineux, la Baker, comme on la surnomme désormais, s'installe dans une villa du Vésinet où elle se crée un zoo privé. Il n'est pas rare à l'époque de la voir descendre les Champs-Élysées avec Chiquita.

En 1934, Joséphine rencontre un nouveau succès avec *La Créole* d'Offenbach, où elle joue le rôle d'une Jamaïcaine séduite par un marin français. L'histoire est niaise, l'opérette de mauvaise qualité, mais Joséphine y excelle chaque soir. Son nom suffit à remplir le Théâtre Marigny pendant plusieurs mois. Elle se lance alors dans une carrière cinématographique. Après un échec en 1927 avec *La Sirène des Tropiques,* un film muet, elle endosse le rôle d'une blanchisseuse dans *Zouzou,* avec Jean Gabin, et celui d'une petite Nord-Africaine dans *Princesse Tam-Tam.*

Retour raté aux États-Unis

Joséphine veut désormais conquérir Broadway. Mais ses retrouvailles avec les États-Unis vont tourner au fiasco. Première déconvenue : comme elle n'est pas mariée avec

Pepito, ils doivent faire chambre à part. Elle tient tête au personnel d'un hôtel qui exige qu'elle utilise l'escalier de service plutôt que l'ascenseur en raison de la couleur de sa peau.

En 1936, elle est engagée dans le spectacle « Ziegfeld Folies ». Les décors sont de Vincente Minneli et c'est Georges Balanchine qui règle les ballets. Dans cette Amérique puritaine, les jambes en l'air et les nus n'intéressent pas grand monde. Pour avoir le rôle vedette, Joséphine s'épuise lors des répétitions mais, au dernier moment, le metteur en scène lui préfère une certaine Fannie Brice. Elle n'exécute sur scène que quelques danses et porte une ceinture où les bananes sont remplacées par… des défenses d'éléphant. Dans le Winter Garden, sa voix est trop fluette. C'est pour elle une gifle. La presse américaine se déchaîne : le *New York Post* parle d'une « voix de gnome avec l'accent français d'une fille de Harlem » et le *Time* d'une « jeune Négresse aux dents de lapin qui se serait fait évincer pratiquement partout en dehors de Paris ». Quant au *New York Times*, il la qualifie de « *negro wench* » (expression péjorative utilisée pour désigner les femmes noires du temps de l'esclavage).

Son sang ne fait qu'un tour. Elle déclare, dépitée : « J'ai beau avoir fait connaître Harlem en Europe, ici je ne suis qu'une artiste plus ou moins nue. »

Cet échec lui barre définitivement la route pour une carrière mondiale. Elle ne pardonnera pas ce revers à Pepito, même s'il a fait d'elle une danseuse de revue. Mais son retour à Paris est triomphal : à peine débarquée du train à la gare Saint-Lazare, une foule amassée sur le quai acclame « sa » Joséphine, qui tient en laisse un marcassin ! Aux journalistes, qui n'ont pas voulu manquer l'événement, elle lance son désormais célèbre « J'ai deux amours, mon pays et Paris ». Mais on devine dans le ton de sa voix que Paris compte désormais davantage dans sa vie. Paris, qui fait et défait les réputations, le lui rend bien : avec « son oiseau des îles », ce ne sera pas une amourette mais une longue histoire.

Il ne lui reste plus qu'à acquérir la nationalité française. C'est chose faite en 1937. Elle se marie avec l'industriel français Jean Lion. Issu d'une famille de juifs qui a fait fortune dans le courtage en sucre, Jean Lion, qui s'appelle en réalité Jean Levy, va vivre dans l'angoisse d'être arrêté et déporté. C'est le début de l'engagement de Joséphine contre l'antisémitisme.

Membre active de la Licra

En 1938, elle décide de militer à la Ligue contre l'antisémitisme (Lica), devenue Ligue contre le racisme et l'antisémitisme (Licra) en 1968, avec l'accession à la présidence de Jean Pierre-Bloch. « Jusqu'à la fin de sa vie, elle a été de tous les combats aux côtés de mon père Jean Pierre-Bloch, dès qu'il l'appelait, elle répondait présent », se souvient Claude Pierre-Bloch, membre du Comité central de la Licra. Et de rappeler les envolée lyriques de Joséphine à la salle de la Mutualité : « Un jour, elle a jeté un froid en apostrophant le père Michel Riquet sur l'attitude du Vatican à l'égard des juifs pendant la guerre » ; ou son opération coup de poing devant un théâtre parisien où l'on jouait une pièce adaptée d'un roman de Brasillach : « Elle n'a pas hésité à monter sur un tabouret à haranguer la foule des spectateurs pour les dissuader d'aller cautionner un ancien collaborateur des nazis. »

« À chaque fois, son franc-parler et son audace forçaient notre admiration. Ses prises de position courageuses vont en faire une figure emblématique de l'association et après sa disparition, nous avons décidé de la faire membre du Comité d'honneur aux côtés d'Albert Einstein et de Léon Blum. »

L'engagement de Joséphine Baker dans la Résistance

Quand la guerre éclate, le capitaine Jacques Abtey, chargé, à Paris, du contre-espionnage militaire, cherche à recruter des personnalités civiles pouvant recueillir, à titre bénévole, des informations utiles au Deuxième Bureau (les Renseignements). L'imprésario Daniel Marouani, frère de l'agent de Joséphine, lui parle de l'artiste. Le conseil lui paraît extravagant, mais le capitaine vient à bout de sa défiance en rencontrant Joséphine qui se dit prête à donner sa vie pour la France. Elle transmet du courrier aux réseaux de résistance et n'hésite pas à endosser le rôle d'une espionne au service de la France Libre.

De septembre 1939 à mai 1940 (période de la « drôle de guerre »), Joséphine, espionne entre deux tours de scène au Casino de Paris pour la revue « Paris-London », profite des soirées fréquentées par des officiels pour glaner des informations sur l'emplacement des troupes allemandes. En contact avec un attaché de l'ambassade d'Italie puis présentée au ministre des Finances de Mussolini, elle recueille également des informations qu'elle rapporte aussitôt au Deuxième Bureau. Pour remonter le moral des troupes, elle se rend sur la ligne Maginot : les soldats, qui tentent pour un moment d'oublier les horreurs de la guerre, sont enthousiasmés. Mais, dès l'été 1940, c'en est terminé du Casino de Paris : la ligne Maginot est franchie et des lois racistes sont promulguées par Vichy. Avec Jacques Abtey, Joséphine regagne la Dordogne et le château des Milandes, qu'elle habite depuis quelques années. Le château, où elle a fait installer un puissant récepteur radio, voit passer réfugiés (dont la famille de Jean Lion, son ancien mari dont elle sera officiellement divorcée moins d'un an plus tard) et résistants. Joséphine aide les clandestins à passer en zone libre, la ligne de démarcation passant par la Dordogne. C'est aux Milandes qu'elle a entendu l'appel du 18 juin 1940. On peut sans peine imaginer l'effet qu'il eut sur sa fibre patriotique.

La danseuse frivole prend le goût des responsabilités et du combat. Celle que l'on avait prise pour une artiste légère se révèle une femme courageuse et dévouée. En juin 1940, son arrivée à Londres ne passe pas inaperçue.

Dans le lycée de Queensgate, transformé en centre d'aviation, elle vient remonter le moral des troupes et proposer ses services. « On a vu arriver une chic fille, lumineuse, prête à se battre et communiquant une énergie extraordinaire aux militaires, nous sentions qu'elle avait souffert du racisme et qu'elle voulait démontrer qu'elle pouvait être une héroïne », se souvient Janine Boulanger-Hoctin, conductrice interprète. Puis Joséphine et Abtey ont ordre de gagner l'Afrique du Nord. Après un passage à Alger et à Rabat, c'est à Casablanca que Joséphine se prépare à retourner à Lisbonne. Seule cette fois, « Abtey-Hébert » n'ayant pas obtenu de visa. Munie une nouvelle fois de partitions avec des informations écrites à l'encre sympathique, elle en revient avec des renseignements « ultra secrets » épinglés… dans son soutien-gorge.

Une longue hospitalisation dans une clinique de Casablanca, de juin 1941 à l'automne 1942, met fin à sa carrière active d'agent de renseignements. On la revoit chanter en public en mars 1943 : elle se produit, à la demande de la Croix-Rouge, pour les soldats américains noirs de Casablanca, puis, de manière régulière, pour les troupes françaises, britanniques et américaines d'Afrique du Nord. C'est en 1943 également qu'elle reçoit du général de Gaulle, qui a installé son quartier général à Alger, une petite croix de Lorraine en or pour la remercier de ses services en Afrique du Nord[1].

---

1. Jacques Abtey, *La Guerre secrète de Joséphine Baker*, Éditions Siboney, 1948.

Sur ordre militaire, elle part pour une longue tournée, avec Abtey et Si Mohammed Menebhi, déguisé en interprète. Par avion, ils rejoignent Beyrouth, où elle se résigne à vendre aux enchères la croix de Lorraine offerte par le général de Gaulle, pour venir en aide aux troupes françaises, auxquelles elle cède toute la somme obtenue. Au Liban, en Syrie et en Palestine, elle donne des représentations au profit de la Résistance. Joséphine Baker devient officiellement sous-lieutenant des troupes féminines auxiliaires de l'armée de l'air française.

À la libération de Paris, Joséphine rentre en France avec les autres femmes de l'armée de l'air. L'artiste sulfureuse accède au statut de héros national. Elle s'est acquittée de missions importantes qui lui vaudront la Légion d'honneur après les hostilités, tandis que d'autres artistes comme Mistinguett, Maurice Chevalier ou Arletty se verront reprocher leur attitude ambiguë sous l'Occupation.

On la voit fendre la foule parisienne dans son uniforme, poursuivie par les journalistes. Elle donne des spectacles pour l'armée et les hôpitaux et refuse de se faire payer. Elle part chanter pour les survivants de Buchenwald, dont l'horreur la bouleverse. Puis, « the show must go on », elle part en tournée, avec l'orchestre de Jo Bouillon, célèbre jazzman qu'elle va finir par épouser.

Originaire de Montpellier, Jo Bouillon, violoniste de formation, est à la tête d'un orchestre de quinze musiciens. Il s'est fait un nom en accompagnant Georgius, Maurice Chevalier et Mistinguett avec lesquels il a réalisé de nombreux enregistrements. C'est à ses côtés que Joséphine va consacrer toutes ses forces à réaliser son idéal le plus cher, le « Village de la fraternité des races », au château des Milandes. Elle rêve d'un lieu où cultures et religions du monde pourraient cohabiter. « Une sorte de petit Unesco privé », précise-t-elle. Après avoir souffert du racisme et de la guerre, elle veut montrer au monde que l'on peut surmonter les différences et s'ouvrir aux autres sans préjugés. Lassée du *show-biz*, elle répète souvent : « Maintenant, je veux vivre entourée d'enfants et d'animaux. » Après une fausse couche durant la guerre (d'où son hospitalisation à Casablanca), elle sait qu'elle ne pourra plus avoir d'enfants. Joséphine se met alors en tête d'adopter des orphelins aux quatre coins de la planète. « Je veux une famille *melting-pot* », indique-t-elle à son entourage.

Elle décide de fonder une « Tribu Arc-en-ciel », une communauté familiale de toutes les couleurs où le brassage des origines serait un enrichissement. Une incarnation en chair et en os de ses idéaux de paix et de fraternité[2].

Au début, sa démarche obéit à un plan mûrement réfléchi. Elle commence par la région parisienne avec Jean-Claude et Moïse. Quelques mois plus tard, Mme Sawada, une de ses riches amies japonaises, crée un orphelinat à Tokyo destiné aux enfants d'Asie. C'est là qu'elle va adopter Akio, le Coréen, et Teruya, le Japonais. Pour les autres

2. Leo Guild, *Joséphine Baker*, Holloway House, 1976.

enfants, tout se fait au gré des circonstances et des coups de cœur.

L'adoption, dans certains pays, est peu réglementée et l'aura de Joséphine lui permet de bénéficier de souplesses des autorités. En Côte d'Ivoire, alors qu'elle est en tournée, elle entend parler d'enfants abandonnés dans la savane. Elle repart avec Koffi. De passage au Venezuela, elle rencontre des familles d'Indiens désireux de vendre des enfants aux plus offrants. Elle revient en France avec Mara.

À Alger, durant l'année 1957, elle se rend à l'assistance publique non pas pour elle, mais pour sa sœur Margaret, qui lui a demandé de lui ramener une orpheline. Lorsqu'elle aperçoit la petite Marianne, née sous X d'une mère française, Joséphine ne peut résister et décide de l'intégrer à la famille. Dans la même chambrée, elle tombe en pâmoison devant un petit Berbère au regard vif, Brahim. Elle s'écrie : « Il ouvre les yeux, c'est un signe du destin. » Quoique impulsif, le choix de Brahim lui permet d'envisager au sein d'une même famille la coexistence d'un arabe et d'un juif. Brahim devient très vite Brian, prénom plus facile à prononcer pour l'ex-Américaine.

Brian Baker devient alors l'acteur et le témoin de la Tribu Arc-en-ciel. Aujourd'hui, il porte un regard passionné sur sa mère. Sans complaisance ni sentimentalisme.

Je me souviens de notre première rencontre au Café de la Paix, cet établissement prestigieux où Joséphine venait naguère avec ses enfants. De sa voix chaude, emplie d'un trémolo, il m'a dit qu'il avait à cœur de parler du plus bel héritage qu'elle lui ait transmis, celui des valeurs humaines. Et dans sa bouche, ce ne sont pas de vains mots. Humaniste en colère, sur le qui-vive face à la moindre injustice, d'une sensibilité épidermique aux malheurs du monde, amateur de débats et de joutes verbales, Brian a été éduqué à l'indignation.

Parfois, j'ai le sentiment que les mots maternels résonnent encore en lui. Haïr la haine, s'ouvrir à la différence, dépasser les clivages, tolérer, aimer, comprendre. Plus il me parlait, plus sa mère vibrait en lui. Mimétisme du langage, ressemblance des intonations.

« L'école de l'Universel, j'ai été formé à cette école. Même si elle était souvent absente, maman m'a enseigné des choses qui ont fait de moi un citoyen du monde, c'est un legs énorme. »

Brian m'a confié qu'il n'est pas toujours aisé d'évoquer cette « légende qui [le] prenait sur ses genoux », mais qu'avec ce livre, le petit orphelin d'Alger veut tout simplement faire revivre ces moments d'intimité avec cette mère adoptive à qui il avait jeté une œillade qui fut décisive pour sa vie.,

Première partie

Périgord (1964-1968)

Bienvenue dans la Tribu

Un soir d'automne, nous sommes attablés à dîner dans la vaste cuisine du château des Milandes, résidence et fief de notre famille. Au menu : spaghettis du dimanche. Un plat assez quelconque, quoique *al dente*. Savoureusement saucé. Et international.

Notre « mamma » siège en bout de table, côté casseroles et marmites en cuivre pendues à la hotte, assurant le service et débarbouillant notre plus jeune frère, Noël, de ses taches de tomate. Attentive, elle suit l'animation et l'appétit de sa nombreuse couvée d'enfants adoptifs. À savoir, nous.

Douze, on est. Tels les apôtres. En vérité, je vous le dis, pas des saints. Ni les salopards du film de Robert Aldrich. Disons, à ses yeux, de jeunes pousses, s'échelonnant de trois à onze ans d'âge, pleine de vie et d'avenir.

Un exemple universel dont, palabrant et réclamant une portion de rab, on se fiche un peu. Tout comme le fait qu'elle soit célèbre et vedette de music-hall. Ici, Joséphine Baker est avant tout une mère. La nôtre. Une femme idéaliste, entière (et c'est peu dire), élevant une progéniture qu'elle a réunie et baptisée « *the rainbow tribe* ». La Tribu Arc-en-ciel. À un moment, intriguée, elle interrompt le brouhaha des conversations. Silence progressif. Puis, avec un accent anglais particulièrement appuyé, elle s'adresse à certains d'entre nous, installés à son opposé :

« Qu'est-ce que c'est que cette histoire de Russes, Koffi… Peux-tu m'expliquer ce que vous vous racontez là-bas ? »

D'origine ivoirienne, mon frère précise :

« Rien, Maman… on parlait juste de sport.

— De sport ?

— Oui, Maman.

— Quel sport ?

— Plein… là où y'a les Russes…

— Il faut dire : les Soviétiques.

— Les Soviétiques… »

« Ma » Baker, perplexe :

« Et en sport… qui supporte l'Union soviétique, ici ?

— Pas moi, fait-il, secouant vigoureusement la tête.

— Qui alors ?

— Moi, fais-je, avant de saucer mon assiette. »

Certains lâcheurs m'ayant auparavant montré du doigt, j'ajoute :

« Et eux, c'est pas mieux, ils sont pour n'importe qui d'autre… »

Rires et exclamations diverses ponctuent mon intervention. « Silence, les enfants… c'est très important.

(Puis se concentrant de nouveau sur moi.) Et pourquoi donc es-tu pour les Russes… les Soviétiques, mon chéri ? Explique-moi… J'aimerais comprendre.

— Parce que… tout le monde est toujours contre eux… même les arbitres… C'est pas juste, je trouve. »

Sur ma gauche, Mara, frangin du Venezuela, indique :

— Et puis il aime les cosaques… leurs costumes, tout ça… c'est vrai.

— Mara… quand y'a un film de cow-boys… lui, il est pour les Indiens… » a alors gazouillé Noël, le benjamin, en léchant un couteau couvert de sauce.

Son intervention déplacée et ses mauvaises manières ont aussitôt été corrigées. Il a reçu une tape sur la cuisse. Après une grimace, il s'est mis à chialer. Un des aînés, se contenant, s'est mis à se bidonner. Suivi de l'ensemble de la fratrie.

Visage concentré, notre mère a rehaussé ses lunettes à verres fumés. Puis elle a poursuivi l'analyse me concernant.

« Les cosaques… ça représente quoi, pour toi ? des costumes ou… autre chose ? »

J'étais bien emmerdé :

« Heu… non… la guerre, surtout…

— La guerre ?… quelle guerre ?

— Contre les Polonais…

— Moi, je sais… a fait Moïse, en remisant sa kippa. *Tarass Boulba*… le film qu'on a vu l'autre fois à la télé…

c'était chouette… mais y meurt à la fin… à cause des autres… les Polonais… »

Maman a tourné son visage vers lui avec une expression de gravité. Du coup, il n'a plus moufté. S'adressant de nouveau à moi, elle a pris un ton solennel :

« Mon enfant, tu as bientôt 8 ans… et je vais te poser une question simple… une seule… réponds-moi simplement…

— *Moi, un rien gêné* : Mmm…

— Est-ce que tu es communiste ?

— Ben… je… j'en sais rien… j'ai répondu, interdit.

— Non ?

— Non… C'est quoi, être communiste ?

— C'est… c'est très grave. »

Elle a expiré un peu d'air par les narines. Chez elle, c'était un signe apparent de mécontentement. Sa désapprobation installait un petit malaise dans l'assistance.

Tout penauds, Koffi et moi avions le nez dans nos assiettes. Elle a ôté ses lunette et repris, sentencieuse :

« Oui… très grave… mes enfants… je vous préviens dès maintenant… si l'un d'entre vous devient communiste, un jour… il devra quitter cette maison sur-le-champ…

— *Moi* : Maman… c'est quoi, être communiste ?

— Le communisme, les enfants… le communisme… c'est la plus belle des choses au monde… la plus noble des idées… Jésus-Christ était le premier des communistes… je crois en Jésus-Christ… tout comme j'aimerais croire au communisme… d'ailleurs, les écoles ou les soins dans les pays communistes sont remarquables… même le métro de Moscou est remarquable… mais voyez-vous, ce que les hommes ont fait de cette merveilleuse idée… par malheur… est devenu une monstruosité… »

Assise à ses côtés, notre tante Margaret a opiné du chef. Elle était très corpulente, un physique à la Hattie Mac Daniel, la nounou du fameux film *Autant en emporte le vent.* Elle a ensuite proféré en anglais une sentence qui abondait dans le sens de sa demi-sœur. Toutes deux, de religion plus ou moins baptiste, étaient originaires de Saint-Louis. États-Unis. Un coin pas très communiste, à mon avis.

Là-dessus, Jean-Claude, un des aînés, a posé la question qui tue : « Si c'est ça, Maman… alors… pourquoi est-ce qu'on va passer nos prochaines vacances à Cuba ? »

Il y a eu un flottement dans l'assistance. Même la mouche qui me survolait en loopings téméraires s'est immobilisée dare-dare au coin supérieur de la cheminée. Devant l'attente générale, Maman ne s'est pas démontée : « Parce que nous sommes invités, Jean-Claude… invités officiellement… et que nous représentons la fraternité universelle… et cela, où que ce soit… aux USA, en Argentine, en Algérie, dans n'importe quel régime. Nous sommes les ambassadeurs d'un idéal, mes enfants… comprenez-vous ? »

On a brièvement acquiescé, avant qu'elle ne développe. Pas tout à fait convaincus de notre exemplarité planétaire. Ni très conscients de la guerre froide Est-Ouest en cours. Encore moins de la ferveur gaulliste de notre mère qui lui faisait omettre de préciser qu'un Guy Mocquet, compagnon et partisan communiste, martyr de la Résistance à l'âge de 17 ans, ne pouvait raisonnablement pas être comparé avec l'actuelle dictature stalinienne. Ou que sa chère République française (elle a prénommé notre sœur Marianne) était bel et bien issue d'une révolution populaire ayant inspiré pas mal d'individus sur cette planète. En plus, qu'en était-il de son devoir de réserve vis-à-vis de son public, par définition politiquement pluriel ? La seule explication valable tenait dans le bras de fer opposant les deux seules forces légitimes et audacieuses occupant le champ politique français depuis la fin de la guerre : UDR et PC. De ces deux géants, rivaux ou alliés selon les circonstances de l'Histoire, Maman, femme politique mais non politicienne, avait au plan national choisi son camp. National, seulement…

Nous avons fini le repas. Selon les valeurs de la famille, il ne fallait rien jeter de comestible. Surtout pas le pain. Il y avait tant de petits Chinois qui mouraient de faim, répétait notre mère. À force, dès qu'elle exprimait cette litanie, on la coupait de concert pour reprendre en chœur son exemple des petits Chinois. Oui, oui… on savait, Maman. Elle, muette de surprise, finissait par en rire de bon cœur.

Nous ne pouvions pas comprendre. Des fois, avec tonton Elmo et tantie Margaret, Maman cuisinait puis mangeait les pattes et le cou des poulets fermiers dans une espèce de bouillon. Tous trois avaient l'air de trouver ça délicieux. Ils disaient que quand ils avaient notre âge, ces abats constituaient le régal du dimanche. Un plat de gens pauvres, qui n'avaient parfois pas de quoi se chausser. Nous, on mangeait nos cuisses dorées et dodues en les regardant avec incrédulité. Berk!

Après la leçon de politique et de comportement social, changement radical d'atmosphère. On a eu droit à l'instant câlin. Ça arrivait de temps en temps. La honte, à vrai dire. Chacun, à tour de rôle, devait s'installer sur les genoux de Maman pour y être gratifié d'une grosse papouille. Puis d'une autre. Ce rite maternel affectueux embarrassait pas mal les garçons. Moi, entre autres. D'autant plus, sous les cris et railleries du clan tout autour.

Puis on est allé se coucher en disant la prière en anglais. Ça arrivait de temps en temps. Il fallait s'agenouiller et dire des trucs américains incompréhensibles.

— *Tantie* : « God bless Mummy...
— *Moi* : Gablaiss mummy...
— *Tantie* : God bless Daddy...
— *Moi* : Gablaiss caddy...
— *Tantie* : Amen!
— *Moi* : Hey men!
— *Tantie* : God Bless Tantie Margaret... »

Dieu la bénisse, oui… quoique… notre tante était parfois d'une mauvaise foi incroyable.

Non seulement elle caftait à notre mère tous nos agissements répréhensibles, mais en plus elle lui donnait des versions éhontément subjectives de la réalité des faits. Comme quoi, elle-même nous aurait réprimandés en l'absence de « Sis », autrement dit « Sister Joséphine », avec douceur et compassion tandis que nous lui aurions répliqué avec insolence et animosité.

Même pas vrai, c'était elle la menteuse qui nous enguirlandait sèchement et sans nous laisser le soin de la contester.

En plus, ce n'était pas le moment d'embêter maman, de retour de voyage et parfois fatiguée, avec ces détails mesquins.

D'ailleurs, notre mère acquiesçait aux rapports de sa sœur le plus souvent distraitement, avec un air absent ou rêveur.

Pauvre Marianne. Pardon, ma chère sœur. En ce jour de l'an de grâce mil neuf cent soixante-cinq, une expédition punitive, mandatée par la Sainte Église catholique, a déboulé dans ta chambrette située au deuxième étage de l'aile est.

En ton absence (fort dommageable pour leur sécurité), quelques-unes de tes poupées ont été décapitées, empalées, puis entièrement cramées en place publique. Vers l'entrée des chais. Ces créatures du mal étaient soupçonnées par notre bien-aimé frère Don Luis, Grand Inquisiteur de Colombie, de sorcellerie et d'hérétisme avéré.

Soudain, notre assemblée de preux chevaliers, guerroyant en tenues aussi hétéroclites qu'anachroniques, s'est muée en une horde peau-rouge tonitruante.

Et si d'infâmes Tuniques bleues avaient entre-temps envahi notre territoire comanche, situé au fond du parc ? Ni une ni deux. Guerriers braves et armés jusqu'aux dents, nous avons cavalé à toute allure le long des jardins de la propriété en poussant des cris épouvantables. Destinés à effrayer l'ennemi au visage pâle, ils ont provoqué la dispersion d'un quatuor de paons picorant sur une allée.

Il fallait charger et dépecer ces fourbes volatiles à coups de lances, flèches et autres tomahawks fabriqués maison. Puis saccager la serre voisine, planque de leurs repas fétides, seulement… malédiction, ô mes frères… une silhouette adulte a débouché à l'horizon. Nous dissuadant de persévérer dans ce combat épique. C'était le jardinier. Un type paisible. Mais, comme toute personne au service de notre mère, susceptible de tout cafter. Nous avons dû battre en retraite et nous réfugier au salon télé.

Il y avait beaucoup de pièces dans notre château. Sur pas mal d'étages. Ça ne nous paraissait pas étrange d'habiter un lieu pareil. Pas plus que de vivre dans une communauté aux types raciaux variés. Il en était ainsi depuis que nous étions bambins.

Le salon de télévision, proche de l'aile ouest, était un de nos lieux de réunion quotidiens. Une grande pièce rectangulaire avec des tas de sièges et de coussins pour s'installer, ainsi que des fenêtres à vitraux par lesquelles on s'avertissait à la cantonade, braillant aux quatre coins cardinaux l'imminence d'une diffusion de feuilleton.

À l'époque, il n'y avait qu'une chaîne nationale. Elle était diffusée dans un noir et blanc envoûtant, aux lueurs opalescentes.

Excepté le journal télé, hermétique et bavard, on consommait toutes sortes de programmes. Et quels programmes : *Vidocq, Gaspard des montagnes, Jean Martin et les compagnons de Baal,* ceux de Jéhu aussi, *Janique Aimée, Les Cinq Dernières Minutes, L'Abonné de la ligne U, Les Aventures de Michel Strogoff...* Des feuilletons mystérieux, dépaysants, pédagogiques en plus. Tout ça encadré d'émissions culturelles passionnantes : *Le Petit Théâtre de la jeunesse, La caméra explore le temps, Cinq Colonnes à la une, Les Coulisses de l'exploit...* Bref, un miroir magique, illustré de génériques pas possibles.

Postés ou allongés en demi-cercle autour du poste, on était sous hypnose cathodique. L'un, doigt noué dans les cheveux, l'autre, pouce enfoncé dans la bouche...

Des fois, tu virais sous influence d'une psychose. Après un inquiétant épisode de *Belphégor* par exemple, pas évident de regagner sa chambre à travers la pénombre des couloirs du château. De nuit, tu angoisses vite et devines des fantômes ou cadavres partout. Madame Bates... madame Bates... la musique du film de Hitchcock planait des plafonds vers les inquiétants rideaux de velours.

Je n'enviais pas spécialement mon frère Jari, Finlandais tout rose et blondinet. Exilé volontaire dans la tourelle centrale, il devait gravir seul un escalier de pierre en colimaçon. Deux étages garnis d'armures anciennes et moyenâgeuses figées dans des postures menaçantes... grincements soudains, silences, frissons... tout cela, à la lumière de la lampe torche vacillante.

C'est drôle, en dehors des programmes nationaux, il n'y avait que des trucs américains. Des films chouettes et variés.

Dans les genres western ou aventures, le héros gagnait presque toujours. Il était blanc, juste et bon. Face à lui, l'Indien se conduisait souvent en brute peinturlurée et sanguinaire. On le détestait, il mourait.

L'Arabe apparaissait gras, fourbe, perfide. On le haïssait, il mourait.

Les Noirs, eux, étaient serviles et gentils. Ils mouraient quand même.

Il n'y avait jamais, jamais, jamais d'histoire d'amour possible entre John Wayne et une femme d'une autre race. Celle-ci mourait toujours avant qu'il n'ait pu l'étreindre. À la fin, lui ou quelque autre héros partait vivre avec une femme blanche. Sur fond de violons et de crépuscule flamboyant.

Dans ces films, les uniques mauvais Blancs étaient des bandits ou des Sudistes. Les Sudistes portaient des tuniques grises. Ils étaient antipathiques, arrogants et voulaient toujours pendre ou asservir des Noirs. Nous suivions ces aventures sans nous poser de questions. Encore moins à notre mère.

L'année de mes 6 ans, tante Margaret et son mari Elmo, métis noir et indien né à Des Moines, Iowa, ont été en colère contre l'un de ces *rednecks* sudistes. Ils parlaient du nouveau président des États-Unis, M. Lyndon Johnson. On voyait sa tête à la télé. Le gars semblait avoir de la peine. Mon oncle a dit en anglais un gros mot. Il a dit que Johnson savait pour l'attentat, qu'il était un faux-cul et un traître, un étron sudiste. « *A Southern horse-shit* », il a fait. Ma mère, ma tante et lui semblaient catastrophés. Ils pleuraient M. Kennedy, couché à Dallas dans une voiture, ainsi que sa femme Jackie habillée de rose et qui s'agitait au-dessus de lui.

Lâcher de babouins en Périgord

Parfois, nous avions conscience de ne pas vivre tout à fait normalement. Quand on vit normalement, on n'élève pas chez soi une ménagerie pareille.

Des animaux provenant d'horizons divers : paons indiens, perroquets variés, toucan d'Amazonie, macaques hurleurs et excités. Sans parler des chats, des chiens. Et des babouins. Pas connes, ces bestioles. Regard et mâchoire expressifs. Quand ça vient vous chercher des puces sous le bas du pantalon, ne pas s'agiter ou paniquer. À la limite, s'asseoir tranquille. Se faire épouiller la chevelure en s'imaginant un massage. Puis pointer du doigt un groupe de touristes, ou un couple de paparazzi te flashant derrière une grille. Grimacer. Hurler de façon simiesque. Puis entraîner la bête et son groupe à l'assaut des intrus. Dans le camp adverse, détalage express garanti.

Je dois préciser que cette catégorie de singes n'évoluait qu'en semi-liberté. Hors d'un local grillagé où le régisseur, avec fermeté, les regroupait en fin de journée.

Ma mère était une dingue des animaux. Créatures adorables qui la faisaient fondre ou jubiler. Toutes ces espèces à poils ou à plumes s'entendaient à merveille, donnant corps à son utopie Rousseau-panthéiste. La nature, les animaux et les hommes formaient aussi une grande famille.

La preuve : l'histoire du chaton qui avait disparu. On le cherchait partout. On le croyait perdu dans cette immense propriété. Peut-être dévoré par une buse. Ou noyé dans une cuve. Pas du tout : Mimi, une femelle babouin, l'avait recueilli et protégé. Elle l'allaitait à l'abri d'épais buissons. Spectacle adorable. Presque naturel dans cet univers de mixité. Le chaton se pelotonnait contre le pelage du primate en ronronnant doucement. Il était malgré tout conseillé de ne pas approcher ce couple insolite. Mimi aurait pu charger.

Valait mieux aussi éviter ma mère si l'on était chasseur. Ceux qui s'aventuraient sur nos terres avoisinantes se faisaient énergiquement refouler ou menacer. Je revois Maman, furieuse et gesticulante, s'élancer à travers champs en lançant des anathèmes à l'adresse de ces immondes viandards. Lesdits imposteurs s'éloignaient sans broncher, interdits, doigts quelquefois vissés sur la tempe.

Tout de même, ça n'était pas toujours rose aux Milandes. Les animaux mouraient parfois. Accident, maladie, vieillesse. Avec l'assentiment de notre mère, on les enterrait dans un cimetière dédié à toutes sortes de bêtes domestiques. Des petites croix, fabriquées à base de ficelle et de branchages, délimitaient leur périmètre au fond du parc.

Autre drame, un de nos chats a tué un petit lapin de garenne. Il l'a ramené consciencieusement devant la porte de la cuisine. La chose n'avait plus de tête. C'était affreux à voir. Oncle Elmo a fait déguerpir le chat, puis il a récupéré le corps du rongeur. Il a dit que ça ferait une excellente conserve. « Beurk! » j'ai pensé.

Pire encore, Rintintin, notre robuste berger allemand, a dégommé de nuit un mammifère errant au-dessus de son chenil. Le lendemain, des touffes de poils éparses autour de la grille témoignaient du drame.

Question : qu'était-il advenu du cadavre de la chose? Et plus grave : où avait disparu Bichou, le chat tigré de la gardienne?

Notre régisseur a pénétré dans le local multi-niches. C'était un homme placide, corpulent, très souvent la pipe au bec. Il approchait la soixantaine et des touffes de poils émergeaient de ses pavillons d'oreille. Visage rougeaud et grosses mains calleuses, lui seul pouvait se permettre d'entrer ainsi sur le terrain d'habitation de notre chien. À l'instar des babouins, il en était respecté, voire craint.

Inspectant les niches, il s'est immobilisé puis a grogné devant l'une d'elles : « C'est pas bien, ça, mon chien… pas bien du tout », il a fait.

Rintintin a pigé tout de suite. Il s'est mis à geindre doucement.

Moïse a demandé :

« Qu'est-ce que vous allez lui faire, dites... monsieur Dirand ?

— T'en fais pas, fiston... a soupiré le régisseur tout en déployant un sac de toile.

— *Jean-Claude* : Vous allez le battre ? »

M. Dirand n'a pas répondu. Il a introduit le sac dans une des niches pour y fourrer quelque chose. Le chien gémissait toujours, par intermittence.

« Y a quoi dans le sac, monsieur Dirand ?

— *Lui, soucieux* : Allez jouer ailleurs, les enfants.

— Si vous battez Rintintin, on le dira à Maman ! » ai-je menacé.

Ce à quoi un autre a rajouté :

« Oui... quand elle rentrera de voyage, on lui dira !

— Vous allez me laisser travailler en paix, oui ? » qu'il a répété en haussant le ton.

Il a empoigné le canidé par le collier et l'a entraîné vers la buanderie. Rintintin le suivait avec réticence. Nous, avec curiosité. Il a ôté sa ceinture. Puis nous a intimé l'ordre de décamper. Sans succès. Alors, il s'est dirigé et enfermé dans la cave à mazout. Un endroit sinistre, situé au sous-sol du château, où plusieurs chats avaient failli se noyer. Ils y avaient temporairement perdu une partie de leur pelage. Tout ça à cause de la toxicité du combustible noirâtre et visqueux. Dans un dessin animé, on trouve ça drôle... mais en vérité, pour eux, c'était pas drôle du tout.

Postés à l'extérieur de ce lieu sombre et maudit, on espionnait ce qui s'y tramait. On entendait faiblement. Des claquements. Des plaintes animales répétées. Douloureuses.

Cela dit, bien moins que les lamentations déchirantes de la gardienne un peu plus tard. Le contenu du sac de toile lui avait été dévoilé. Les restes d'une boucherie. Elle geignait tout ce qu'elle savait, la pauvre. On aurait dit une madone affligée.

Pas au bout de ses peines, la malheureuse, avec notre zoo personnel. Quelques mois plus tard, elle fichait un coup de pied rageur à un babouin trop entreprenant. Le primate lui a mordu la jambe. Très fort. Très fort aussi, elle a hurlé. Malgré des soins prolongés, une sorte de gangrène a gagné. Les médecins parlaient de lui couper la jambe. Elle a été évacuée des Milandes à tout jamais.

Principes d'éducation (pas très *rock'n roll...*)

Nous vivions, pour ainsi dire, dans une colonie de vacances perpétuelle. Et privée. À ceci près que l'encadrement et les valeurs inculquées étaient plutôt rigides.

Pas le droit de contester un adulte. Pas le droit de dire des gros mots ou de poser ses coudes à table. Pas question de porter les cheveux longs. Tenues de flanelle exigées le dimanche. Punitions façon *public school* en cas de bêtise ou d'incorrection. Huile de foie de morue (et oranges pressées) à ingérer tous les matins. Baise-main impératif aux hôtes ou invités de la gent féminine. À ce sujet, et le sexe ? *No comment.* Le *show-biz ? No comment.*

Un soir, à l'écran, une émission évoquait tout le parcours antérieur de Maman.

— *Nous* : « Maman, Maman... viens voir... tu passes à la télé !

— *Elle* : Coupez immédiatement ce programme ! a-t-elle tonné en se précipitant vers le poste.

— *Nous* : Mais c'est toi qui passes… regarde… quand tu dansais et que tu faisais des grimaces…

— *Elle, cherchant vainement l'interrupteur* : Non, ce n'est pas… c'est faux… mais comment… marche cette chose ?

— *Nous* : Mais si, c'est toi… même qu'ils ont dit que c'était au temps des Années folles… et que t'étais rigolote avec ta ceinture de bananes…

— *Elle, verte de rage et éteignant le poste* : Voilà… non mais sans blague… je suis votre mère, vous m'entendez ? Pas cette danseuse à moitié… déshabillée ! »

Bon, bon. Il fallait en conclure qu'il y avait deux Joséphine Baker. L'artiste d'avant-garde jazzy, se déhanchant et agitant frous-frous ou popotin. Elle-même refoulée par la maman pudique et conservatrice. Contradiction schizophrène qui débouchait sur d'autres décisions nous concernant.

Ainsi, il était hors de question que notre avenir professionnel s'orientât vers ce milieu. À ses yeux, bien trop aléatoire ou ambigu pour les *gentlemen* en herbe que nous représentions. Elle préparait donc le terrain.

— *Elle* : « Que veux-tu faire dans la vie, Akio ?

— *Mon frère aîné, dont le prénom signifiait "Automne" en nippon* : Comme métier… je sais pas… conducteur de train, peut-être…

— *Elle* : Tu seras diplomate… si possible, au Japon, ton pays d'origine… et toi, Moïse, quel métier pour plus tard ?

— *Lui* : Moi ?... j'aimerais... heu... être pompier.

— *Elle* : C'est bien mais non... car les Milandes ont besoin d'un avocat... je suis persuadée que tu réussiras à le devenir... à Jean-Claude maintenant...

— J'aimerais travailler à Paris... c'est ça qui m'intéresse...

— *Elle* : Oui... et pourquoi donc Paris, mon chéri ?

— Parce que... il y a les Galeries Lafayette... plein de cinémas, de restaurants, tout ça...

— *Elle* : Ici aussi, c'est très joli, tu ne penses pas ?... Le domaine a aussi besoin d'un notaire, vois-tu... ce que je souhaiterais que tu deviennes... et il nous faudra un comptable, également... pour remplacer M. Trijoulet, un jour... je pense à toi, Brahim... »

Elle prononçait mon prénom en appuyant sur les syllabes. Il devenait Brian, à l'anglaise, pour les papiers administratifs et sa correspondance.

« Comptable... et pourquoi moi ? j'ai fait, dépité.

— *Elle* : Parce que tu es doué en calcul mental... je l'ai bien vu sur tes notes scolaires...

— *Moi, avec un soupir intérieur* : Bien, Maman. »

Lorsque nous étions tout petits, des nurses et des gouvernantes s'étaient occupées de nous. Elles ne faisaient que passer. Une expérience, quoi. Ce n'était pas dans notre bled, aussi prestigieux fût-il, qu'elles allaient dénicher l'homme de leur vie. Sinon avec Jacques, un valet en livrée célibataire installé chez nous durablement. Mais bon, au physique se situant entre Bourvil et Laverdure dans *Les Chevaliers du ciel.* Donc, un *turn-over* d'employées à durée non déterminée, venues des quatre coins du pays ou même de l'étranger.

Les cuisinières, par exemple, étaient souvent originaires d'Espagne. Pourquoi ce pays ? Mystère. À cause de son voisinage avec notre Sud-Ouest, je me figurais. Ou alors parce que, tout comme nos parents avec l'anglais, ces femmes typées, rayonnantes, nous enseignaient des notions de leur langue. Une des plus utilisées dans le monde, donc à ne pas négliger pour l'avenir. Dixit Maman.

« *A la comida... de prisa, niños...* » criait à la cantonade Mme Amparo, un bon quart d'heure avant les repas. Puis elle sonnait la cloche extérieure de l'entrée. Battant le rappel général de notre marmaille éparpillée aux quatre coins de la propriété ou de la campagne environnante. Une nature boisée, vallonnée, idéalement bucolique. On faisait corps avec elle, ses senteurs, ses chemins et futaies bruissant d'une vie animale aux abois. Ses frondaisons aussi, que chantaient variété d'oiseaux et qu'éclairaient des rais lumineux et joueurs.

En grandissant, sont apparus les précepteurs. Des hommes, toujours. Du genre qualifiés, fermes mais justes. Avec eux, on apprenait les choses de la bonne société et, dans les historiques paysages périgourdins, celles du passé et de la nature. L'enseignement des grandes valeurs était leur mission.

Un seul d'entre eux a complètement échoué. M. Nassim, un type de grande taille venu d'Égypte. Il portait des lunettes à grosses montures noires. Ça lui donnait un genre intellectuel. *A priori,* il valait bien ses prédécesseurs français. De plus, il avait été recruté pour m'apprendre personnellement la langue, la culture et la religion du monde oriental. Une lubie de Maman.

En tant que berbère, je devais donc me farcir des cours particuliers d'arabe littéraire et de liturgie coranique. Pas folichon, comme programme. Et puis, quand M. Nassim m'a enjoint de prier avec lui en direction de la Mecque, j'ai tiqué. Et ironisé.

« Monsieur Nassim, votre chaussette est trouée...

— Prosterne-toi devant le prophète, Ibrahim.

— D'abord, je m'appelle pas Ibrahim...

— Brahim, Ibrahim, c'est pareil chez nous... viens... agenouille-toi et prie avec moi...

— J'ai pas envie... et puis... encore moins qu'on me coupe le bout du zizi... »

Il a voulu me saisir la main, je l'ai mordu à pleines dents. Tout comme Abdallah, l'infernal gamin de *Tintin au pays de l'or noir,* je jouais les petites pestes avec cet homme placide. Instinctivement, je le dominais. Le manipulais. Il était à moi. À MON service. MON précepteur. Je dépliais son porte-cigarettes, étudiais son passeport (quels hiéroglyphes étranges : il fallait tout lire à l'envers), menaçais de brûler cette pièce d'identité illisible avec son briquet en or ciselé. Sur fond de musique et chansons cairotes, ses appartements privés résonnaient de mes caprices ou menaces.

Pauvre M. Nassim. C'était une victime. Quelqu'un de doux et d'un peu mystique. Il pensait que ma mère était la réincarnation d'une divinité pharaonique. Il n'a tenu que quelques semaines chez nous. Pas à cause de moi, en réalité. Non, il a commis une erreur pédagogique concernant notre bravoure. Un jour de canicule, il a voulu que mes frères, moi, lui-même, franchissions la Dordogne à la nage. En Égypte, qu'il a dit, ceux qui n'étaient pas fichus de traverser le Nil par eux-mêmes ne pouvaient être considérés comme des hommes. Étions-nous valeureux et capables de le démontrer ? À nos yeux, ce type était exaltant mais un peu siphonné, quand même.

Cela dit, pas de problème, on l'a fait. La peur nous était d'autant plus étrangère que tout le groupe savait fort bien nager, surtout Mara. Comme les Indiens dans les films, il n'éprouvait, de plus, aucun vertige et pouvait grimper très haut sur les cimes des arbres. On le regardait faire, admiratifs et impuissants.

Lorsque ma mère a eu vent de cette histoire de fleuve, elle a refoulé de l'air par ses narines. Plusieurs fois. Le brave homme a été convoqué et congédié séance tenante. Adieu, M. Nassim. L'important était de participer.

Nous sommes tous de nationalité française. Hormis les trois frères et sœur nés ainsi de souche, la plupart des autres ont eu l'occasion de retourner dans leur pays d'origine.

Maman nous y emmenait lors de ses villégiatures, persuadée du bien-fondé de la découverte de nos traditions et cultures respectives.

Akio et Jeannot (prénommé aussi Teruya ou « lumière » en nippon) ont ainsi passé une année au Japon. Moïse s'est rendu deux fois en Israël. Koffi (et Marianne aussi, pour raisons circonstancielles) en Côte d'Ivoire, Mara au Venezuela. Quant à moi, j'ai voyagé avec elle en Algérie et au Maroc. La première fois, j'étais encore bébé. J'ai fait un barouf de tous les diables quand Maman m'a quitté pour aller à son récital dans un palais de Rabat. Je m'en souviens parfaitement. Je hurlais, je trépignais. Elle a dû revenir plusieurs fois me consoler en présence de personnes aux mines contrariées.

La deuxième fois, j'avais 6 ans. Cette fois-ci, destination Casablanca. Là, j'ai réalisé que partir à l'étranger avec ma mère relevait plutôt du film de fiction que du tourisme de masse. Parvenus à l'aéroport d'Orly, nous nous rendons au guichet d'une compagnie aérienne. Action.

« Maman, qu'est-ce qu'il veut le monsieur ?

— *Elle, fouillant fébrilement son sac à main* : Nos... nos passeports, mon chéri.

— Maman... Maman... c'est quoi, des passeports ?

— *Elle, distraite* : C'est... rien... des petits... carnets...

— Ça sert à quoi ?

— À... à... je me demande... toutes ces frontières, c'est ridicule...

— Et ils sont où, les petits carnets, Maman ?

— *Elle, vidant le contenu de son sac sur le comptoir* : Ils sont… pas ici, mon chéri…

— *L'employé de la compagnie* : Un problème avec vos passeports, madame ?

— *Maman* : Oui… non… appelez-moi l'ambassade, s'il vous plaît.

— *Le type, soufflé* : L'ambassade…

— *Maman* : Du Maroc.

— *Lui* : Bien, mais… le vol est prévu pour tout à l'heure, madame… vous ne pouvez quitter le territoire sans… »

Maman l'a interrompu, avec un large sourire : « Je sais bien tout cela, cher monsieur, mais le roi Hassan II nous attend… dépêchons-nous, je vous prie… car je dois aussi parler à votre direction… et celle de la police d'Orly… »

L'employé, hésitant, a gardé la bouche entrouverte. Puis il s'est exécuté. Tandis que je continuais à poser des questions à ma mère, des gens cravatés se sont pointés. Des tractations ont commencé. Le vol a été retardé. Au bout du compte (et de quelques coups de fil), ça a marché. Incroyable. En plus, elle a signé des autographes à presque tout le monde dans la carlingue.

Une fois à Casablanca, ni une ni deux, Maman m'a relooké djellaba-babouches-chéchia. Comme ceux de ton peuple, qu'elle prétendait. La honte. Sauf qu'on était sur une autre planète. Des senteurs d'oranger ici, d'étable un peu plus loin. Des musiques lancinantes, scandées par des instruments et des voix plaintifs. Nous avons logé dans un palais princier. Où de jolies jeunes femmes, de sang royal, se sont occupées de moi. J'étais très jeune. Suffisamment à leurs yeux pour se changer devant moi, sans pudibonderie aucune. À un moment, elles se sont retrouvées intégralement nues. C'était la première fois que j'assistais à ce spectacle. J'observais, fasciné, leurs amples poitrines et leurs toisons pubiennes lorsque Maman a fait irruption dans la pièce. Aussitôt, elle m'a couvert la vue de ses mains, expliquant avec quelque embarras mon émotion aux demoiselles.

« Ce n'est pas grave, mon chéri, a-t-elle cru bon d'ajouter.

— *Moi, ôtant ses mains péniblement* : Je sais, Maman... c'est même pas grave du tout. »

Trop tard. Les très chouettes princesses avaient enfilé de somptueux costumes traditionnels. Devant mon regard encore animé de leur curiosité anatomique, elles paraissaient maintenant éprouver de la gêne. Maman pareil.

— *Elle* : « Il vit en France... ce n'est pas pareil... mais c'est un Berbère... marocain... n'est-ce pas, Brahim ?

— Non... pas marocain... algérien, j'ai rectifié.

— *Elle, sourire pincé* : Tu te trompes, mon chéri... marocain... il est très fatigué...

— *Moi, secouant la tête* : Algérien. Même que c'est marqué sur le passeport, tu m'as dit... celui que tu as oublié à l'aéroport... »

Ma mère souriait. Tout en me fusillant du regard. À l'époque, une guerre terrible déchirait les deux pays maghrébins. J'étais un garçon très inventif, elle a expliqué. J'avais besoin de repos. Voilà, voilà…

Au repas, elle a continué à couvrir avec diplomatie certaines de mes incartades. Les convives prenaient, malgré tout, des airs enjoués. La plupart devaient être des notables, des gens issus de la famille du pacha de Marrakech, Si Thami El Glaoui, connu pendant la dernière guerre mondiale.

À l'époque, Maman avait résidé dans ce pays pour raisons politiques et militaires, ayant tissé des liens avec vizirs, califes et autres sommités de Rabat ou de Tanger. Le roi Hassan II et sa famille lui étaient également proches, témoignant sympathie et admiration pour cette femme aux multiples activités passées (ralliement de tribus autochtones à la cause alliée), présentes (création d'écoles et de dispensaires), futures (centre culturel international) et aux facultés d'adaptation locale innées. Comme, par exemple, celles de donner en leur présence un récital de différents genres musicaux et polyglottes incluant le style oriental.

Un couscous gigantesque a été servi et dégusté selon la tradition. Avec les mains. Les gens se nourrissaient comme Noël, mon petit frère. La semoule et des ingrédients divers leur collaient aux lèvres. J'ai voulu faire le malin en affirmant que tout le monde mangeait comme des cochons ici. Et en réclamant des couverts, du pain, tout ça… en plus, je voulais voir le roi et pas les autres.

Selon le regard et le diagnostic virulent de Maman, j'étais visiblement épuisé. Et j'allais immédiatement quitter la tablée. Non sans la saluer courtoisement. Un des convives assis à ses côtés, gras et au sourire huileux de satisfaction, a hoché la tête. Épuisé, peut-être... épuisant, certainement. J'ai tenté de résister, protester. Maman s'est aussitôt levée et m'a fermement entraîné vers une chambre à coucher. J'ai fait ma crise. J'avais pas sommeil. Et puis, j'avais pas vu le roi.

En fin de compte, elle a eu gain de cause. Elle devait avoir raison. Un quart d'heure plus tard, après force cris, pleurs, menaces, admonestations et fessée réparatrice, je me suis endormi d'un coup sec. Sans me relever. Et sans autre souvenir.

Retour en France après l'épisode marocain. Mes frères et moi, nous allions à l'école communale. Comme tout le monde. Mais voilà, comme nous n'étions pas comme tout le monde, les choses ont pris une tournure singulière.

Notre mère a été informée de conduites, d'après elle inqualifiables, dans cet établissement dont, auparavant, elle avait organisé la desserte par car. Selon elle, des propos racistes auraient été tenus à notre égard. À vrai dire, des vannes et surnoms pas très malins de certains écoliers indigènes visant les frères les plus typés de la famille. Type : « Blanche-Neige », « Y a bon Banania », « le zouave », « Gengis Khan », etc. Pas si grave, à cet âge. Si tel était le cas, notre clan (dix garçons, tout de même) pouvait corriger le coupable dans la cour de récré. Une fois, Moïse a exigé d'un grand, comme lui, de s'excuser de m'avoir traité de mameluk. Tout de suite, sinon quelqu'un allait pleurer. Tout de suite. L'autre, jaugeant le risque, a bredouillé quelque chose.

Cependant, Maman savait nous manipuler et enregistrer des informations aux analyses discutables. Et aux conséquences immédiates. Dans le cas précité, sa décision a été analogue à celle concernant M. Nassim. Radicale.

Dorénavant, plus de scolarité publique. Les cours des plus jeunes seraient désormais dispensés au château par les précepteurs. Les aînés allaient rejoindre, « *right now* », en plein milieu d'année scolaire, un collège privé et huppé. Le Rosey, situé en Suisse romande.

Elle ne pouvait tolérer une scolarité polluée par la bêtise ou l'ignorance. Pour que notre avenir soit le plus serein possible, Maman allait par la suite mettre pas mal d'énergie et d'argent dans la balance. La bonne éducation était une de ses responsabilités. Et de ses ambitions.

Jo et Jo

Papa et Maman. Joséphine Baker et Joseph Bouillon. La passion et la raison unies aux couleurs franco-américaines.

Notre père était musicien et chef d'orchestre. De formation classique, il s'était ensuite dirigé vers le jazz en formant un groupe d'artistes swinguant, « Les Boys », comparable à celui de Ray Ventura et ses « collégiens ». Filleul artistique de Maurice Chevalier, il composait des musiques de publicité radiophonique, style « La boldoflorine… la boldoflorine… la bonne tisane pour le foie… », enregistrait des disques et accompagnait les vedettes en vogue sur les ondes du *Poste Parisien,* notamment. C'est ainsi qu'il a rencontré Maman. Puis travaillé avec celle qui deviendrait par la suite sa femme.

Lorsqu'ils nous ont adoptés, tous deux étaient d'âge mûr. Presque des grands-parents, si l'on se réfère à certaines familles. Papa était bien moins excessif que Maman. Toujours d'humeur d'égale, il avait la cote avec tout le monde. Les employés du domaine, les Périgourdins, les gens en général.

Le seul problème avec lui, c'était que, plus on grandissait, moins on le voyait. Plus de vingt ans de mariage avaient usé le couple qu'il formait avec Maman. Des brèches de désaccord entre eux, devenues courantes, l'ont éloigné vers Buenos-Aires, Argentine. Avec un ami à lui, il a monté un restaurant chic dans le centre-ville.

Notre père avait donc tiré un trait sur sa carrière artistique. Il ne revenait en France que par intermittence. Ni créateur des Milandes (village touristique et « capitale de la fraternité du monde »), ni concepteur de la « *rainbow tribe* » (Maman agissait, lui l'épaulait), il avait tout de même largement contribué à leur développement en s'y associant.

En ce qui nous concerne, au-delà d'un certain nombre de bébés émigrants, il a commencé à s'inquiéter. À une époque, Maman revenait de chaque voyage avec un ou deux nourrissons dans les bras. Le mettant devant le fait accompli. S'ensuivait un dialogue facile à imaginer.

— *Maman* : « Jo, voici Koffi… un bébé qui vient de Côte d'Ivoire…

— *Lui* : Koffi… très bien… mais Joséphine… c'est le neuvième…

— Une tribu baoulé me l'a confié… regarde… il n'est pas adorable ?

— Bien sûr… mais… tu ne crois pas que ça commence à faire un peu trop ?

— Selon leur rituel, il devait être abandonné dans la savane… tu n'imagines tout de même pas que j'allais laisser sacrifier ce bout de chou aux bêtes fauves ?

— Évidemment pas… tu as très bien fait… mais promets-moi que ce sera le dernier… Joséphine ? »

Maman a promis. Juré. Ont suivi trois autres petits. Mara, Noël et Stellina, la toute dernière. Une deuxième sœur après l'unique et vaillante Marianne, jusque-là isolée et plainte de tous. Mais là encore, les accords passés entre nos parents n'avaient pas été respectés.

En principe, la mixité entre les enfants ne devait être que raciale. Papa avait proposé, une fois les premiers garçons recueillis, qu'ils soient élevés sans risque d'ambiguïté sexuelle ou sentimentale. Il était prudent, dès lors, d'éviter de voir des filles rejoindre cette parentèle de lait.

Maman avait trouvé son analyse fort judicieuse. Elle s'était déclarée à cent pour cent d'accord avec cette orientation. Pour craquer, en fin de compte, quelques semaines plus tard. Et faire fi de leur décision commune.

Notre père a voulu nous enseigner la musique. Notre mère s'y est opposée. Elle lui a fait une scène lorsqu'il a donné ses premiers cours de violon à Akio, notre frère aîné. Pas question d'une formation artistique. Ni d'un futur flou de bohémien.

Nous, les enfants, on était insouciants. Au courant de rien. Les adultes nous cachaient leurs discussions, opinions, oppositions.

Maman voulait nous préserver. Parfois, il lui arrivait de s'entretenir devant nous avec Tantie Margaret. Toutes deux causaient dans leur langue maternelle, prenant bien soin d'utiliser un vocabulaire inintelligible à toute personne étrangère au Missouri.

On se doutait qu'elles s'échangeaient des paroles secrètes. Elles devaient aussi évoquer des points de vue sur notre père. Souvent absent. Officiellement en voyage et auquel on était tenu d'écrire régulièrement.

Il revenait de temps à autre. Avec plein de cadeaux pour chacun d'entre nous. C'était chouette et on lui faisait fête en ronde à ses retours. Ceci sous l'œil progressivement inquisiteur et jaloux de notre mère. Elle allait tôt ou tard lui chercher noise. En privé. Et son séjour prendrait alors fin.

La preuve : la fois où on a volé les pièces de monnaie. Papa disposait les siennes sur sa table de chevet, avant de se coucher. Le matin, chacun de nous venait à tour de rôle l'embrasser à son réveil. Là, certains se sont un peu servis. Facile, papa était encore assoupi.

C'était une idée de Moïse. Ça a marché sur quatre jours. Le cinquième, je me suis fait pincer.

Papa a soudainement bondi hors de son lit. Il n'était pas du tout assoupi.

« Qu'est-ce que c'est que ça ?… Tu me voles, maintenant ? il a fait.

— *Moi, penaud* : C'est parce que…

— Parce que quoi ? Tu peux m'expliquer ?

— Oui… c'est à cause de Moïse… non… de Maman…

— Qui ?

— Maman… elle ne nous donne plus d'argent de poche… mais plus rien du tout.

— Comment ça ?

— Ben, avant… elle nous en donnait plein… mais le directeur du collège lui a dit que c'était trop… que les autres élèves, ils avaient moins d'argent que nous, tout ça… alors, Maman, au lieu de nous donner pareil que les autres… comme il a dit, le directeur… elle nous donne plus rien du tout…

— Ah bon ?

— Oui… alors, au collège, c'est la honte. On est obligés de taper nos copains pour acheter des tablettes de Milka ou des Carambars… et eux, ils disent que c'est pas normal… qu'on est plus riches… avant, c'est à nous qu'on demandait de prêter… »

Là-dessus, Maman a fait irruption dans la pièce. C'est-à-dire leur chambre commune, au deuxième étage du château. Elle a senti qu'il se tramait quelque chose. J'étais mal.

— *Elle* : « Qu'est-ce qu'il y a, Jo ?

— Rien de grave… une petite explication.

— *Maman, méfiante* : À quel sujet ?

— C'est entre nous, Joséphine.

— Comment cela ?

— Une affaire entre hommes… je te prierais donc de nous laisser, s'il te plaît. »

Maman me dévisageait. Elle n'a pas insisté et a pris la porte. Peu après, tandis que je regagnais ma chambre en soufflant d'aise, le choc. Maman, immobile devant moi, au détour d'un corridor. Apparition glaçante lorsqu'on se sent coupable. Figée telle une statue, elle tenait ses bras croisés. Et voulait savoir la teneur de l'entretien paternel. Coûte que coûte. J'étais super mal.

— *Moi* : « On… on a parlé du collège…

— *Elle* : C'est tout ?

— Oui… et des filles aussi…

— Quelles filles ?

— Celles du collège…

— Qu'est-ce que… elles te… plaisent ?

— Certaines… »

Sexe : *no comment.* Une affaire d'hommes. J'étais crédible. Maman a gobé mon histoire. Elle m'a conseillé de rejoindre mes frères au petit déjeuner. Avant qu'ils ne dévorent tout les Corn Flakes Kellog's aux tranches de banane. Cependant, un dernier doute lui est venu à l'esprit.

« Il ne t'a rien dit d'autre ?

— Non… rien d'autre, Maman.

— Il ne t'a pas… parlé de moi ?

— De toi ?… non… pourquoi ?

— Rien, rien… va. »

Peut-être croyait-elle que papa complotait une manœuvre de rapprochement personnel à ses dépens ?

Ou bien était-ce juste une question relative à leur histoire d'amour ?

Le jour même, au dîner, Papa obtenait que nous recevions une somme régulière pour notre argent de poche. Moïse et d'autres complices ont croisé mon regard. On s'en tirait bien. Maman, magnanime, a proposé un supplément pour les vacances toutes proches. « Hourrah ! » on a tous fait. Et on les a couverts de baisers.

Humanité, fraternité, tourisme

Nos parents ont développé le tourisme en Périgord. Quasi inexistant jusque-là, ils l'ont mis en lumière à coups de publicité locale, propagande parisienne et événements culturels.

Autour du château et du parc vallonné, le bourg des Milandes était privé d'eau courante et d'électricité à leur arrivée. C'était juste après la guerre, en 1947. Tous deux, après un mariage célébré dans la petite chapelle attenante à leur propriété, se sont retroussé les manches. Maman était la créatrice. Papa, le bâtisseur et le gestionnaire.

Un hôtel, un bistrot, des boutiques et même un musée ont été aménagés par leurs soins. Ils ont aussi créé un parc d'attractions en contrebas du village, au bord de la Dordogne. Le fleuve longeant la base de loisirs rappelait la Marne et ses bals popu en région francilienne. C'est pour cette raison qu'ils ont baptisé ce lieu « La Guinguette ».

En saison, s'y proposaient un théâtre, un restaurant, un dancing en plein air. À côté, dans la verdure conçue par un génial paysagiste, on pouvait aussi profiter du mini-golf, des courts de tennis, de l'aire de jeux pour les enfants. Ou bien de l'hollywoodienne piscine en forme de J. Tout ça pour le prix d'une entrée modique.

On s'y rendait pour y jouer, mes frères et moi. Avec l'avantage d'en profiter également hors saison. Quand tout était redevenu calme et que la foule s'était évaporée.

Car le domaine était un vrai succès. Des voitures, aux plaques d'immatriculation variées, et des cars entiers déversaient un très grand nombre de touristes. Certains arrivant même de l'étranger.

Les gens venaient voir la propriété de Joséphine Baker. Mais aussi profiter du passage dans cette magnifique région pour y séjourner et la découvrir. Ce sur quoi nos parents avaient tablé. On pouvait donc venir là seul, à deux, en famille, se prélasser puis aller voir se produire des artistes-vedettes au théâtre-cabaret. Faire bombance ou du sport. Ceci, la veille ou le lendemain d'une visite des sites incontournables de la région. Grottes de Lascaux. Homme de Cro-Magnon, aux Eyzies. Centre-ville de Sarlat, classé historique. Et, crème de la crème, châteaux forts moyenâgeux dominant la vallée.

Dans ce cadre enchanteur, je me souviens de compétitions organisées par mon père. Comme les courses de natation de plusieurs kilomètres sur le fleuve. Le départ était donné du bourg de Castelnaud-Fayrac avec arrivée animée et festive à la Guinguette. Certains participants nageaient à poil. D'autres en tenue de plongée. Du coup, mes frères et moi en réclamions à Papa. Faut dire que nos anniversaires s'étalaient sur tout l'été et le long de l'année. Autant d'enfants que de mois, ou presque.

Il y avait également des épreuves cyclistes. Des matchs officiels de foot ou de rugby sur le terrain jouxtant le parc. Il se passait toujours quelque chose, à cette époque.

C'est d'ailleurs sur l'aire en question qu'un hélicoptère s'était posé un beau jour de 1961. Un général d'aviation, futur chef d'état-major des armées, venait y remettre à Maman deux décorations. La Légion d'honneur, remise pour sa carrière artistique et humanitaire, et la Médaille de la Résistance pour ses faits d'armes sous l'Occupation. En fait, des informations glissées à l'encre sympathique dans ses partitions et transmises aux Forces Françaises Libres via le réseau du commandant Abtey et les bureaux clandestins du colonel Paillole. Toute cette manifestation a eu lieu en grande pompe : presse, public, élus locaux.

Notre mère avait enfilé sa tenue de sous-officier de l'armée de l'air, datant de sa période Afrique du Nord où elle avait remonté, en servant et en chantant, le moral des troupes alliées. Elle prenait la chose très au sérieux. Droite comme un I, elle a salué de façon militaire le gradé aux nombreuses étoiles. Martial, il s'appelait. Ça ne s'invente pas. Martial Valin.

Nous, on était fascinés par l'hélico, pas par la cérémonie. En dehors des pales et du rotor vrombissants, on s'ennuyait dans nos costumes de flanelle grise et détestablement irritante pour la peau. On a demandé au général si on pouvait aller faire un tour dans son engin à la fin du discours. Six d'entre nous étions partants. Les autres avaient trop peur, des femmelettes. Le type et ses gendarmes ont accepté sans problème. Sensas ! On a grimpé à tour de rôle, deux par deux, dans l'Alouette à la cocarde tricolore.

Lorsque l'appareil s'est élevé, en soufflant une bourrasque passagère, Maman et les autres personnes sont devenues de plus en plus petites. Le ciel était dégagé, la lumière vive. Après une manœuvre, on a filé droit sur Beynac et son château en à-pic vertigineux.

On en a fait le tour comme autour d'une maquette historico-ludique, puis le pilote a piqué vers la Dordogne et ses reflets moirés. Au ras des flots qu'on a longés, des baigneurs et des gens en canoë nous faisaient signe. J'aurais bien voulu les mitrailler. Pour voir. Au lieu de ça, on est revenu aussi sec se poser au point de départ. Déjà fini… pareil qu'à la fête foraine.

Le quidam de passage pouvait aussi visiter notre corps de ferme. Modèle. Une imposante bâtisse rectangulaire située sur le versant opposé au parc, en amont inférieur au château.

Oncle Elmo, Tantie Margaret et leur fille Rama, notre gracieuse et proche cousine, vivaient dans la partie habitable. Les trois autres côtés, granges ou étables, abritaient des élevages variés : basse-cour géante, chevaux de trait, bovins, porcins…

D'ailleurs, saigner le cochon était une sorte de tragédie. La bête, énorme comme tout, slalomait en couinant aux quatre coins de la cour centrale. Poursuivie par tonton et quelques employés, elle pressentait avec acuité son triste sort.

Tantie nous interdisait de regarder aux fenêtres de sa salle à manger. Il fallait se rasseoir. Immédiatement, elle avait dit. Et continuer de consommer le repas amerloque qu'elle nous avait préparé. Un truc délicieux, à base de maïs. Mais enfin… ces hurlements déchirants dehors… qui perduraient… puis s'estompaient… on finissait le plat en devinant une mare de sang dans la cour. Pauvre bête. Malheureusement, Maman était en voyage, j'ai pensé… sinon…

Ce que ma tante cuisinait de mieux, c'était les gâteaux. Elle tenait une pâtisserie en face de la Guinguette. Une échoppe colorée où vous pouviez commander toutes sortes de cakes « *home made* » succulents et bon marché.

La texture de sa cuisine était d'une légèreté et d'une application remarquables. De plus, elle nappait ses cakes d'un marbre de glace délicatement sucré et coloré aux parfums appétissants : chocolat, citron, vanille, framboise. Une de ses recettes secrètes s'intitulait « à la diable » et là encore, on se régalait. D'autant qu'elle appliquait une couche supplémentaire au beau milieu de ses imposants gâteaux. Chaque part proposée était ainsi enrobée et divisée en son centre de la délicieuse couche fruitée.

Un jour, Tantie a préparé deux pâtisseries spéciales et gigantesques pour l'anniversaire de notre mère. Elle venait à pied de la ferme jusqu'au château. Comme d'habitude. En chemin, la pauvre a dérapé. Les magnifiques desserts, renversés, se sont écrasés sur le bitume.

Tantie Margaret est arrivée péniblement au bout de la côte. Elle était en pleurs. Ses plateaux ne contenaient plus que des morceaux de son œuvre déstructurée. Maman a eu beau minimiser cette catastrophe, sa sœur était inconsolable. Moi et quelques autres, on était également désolés. Mais pas pour les mêmes raisons.

Autrement plus grave est l'incident qui s'est produit en public un jour de 14 juillet. Cela s'est passé dans le village, au bistrot baptisé le « Lou Tornoli », ce qui signifie en patois local « On y retourne ».

Tandis qu'un bal musette égayait les clients, touristes et gens du voisinage, un drame s'est noué. M. Boabès, employé algérien, est venu chercher noise à Claude, notre juvénile précepteur. Plutôt éméché, il l'a provoqué concernant une jeune femme que l'autre convoitait. Apparemment, il y avait conflit d'intérêt. Très vite, une rixe les a opposés. M. Boabès, homme d'âge mûr, a mis son poing sur la figure de son rival.

Des gens sont intervenus pour défendre l'agressé. Issa, « homme de chambre » malien. Jean-Jacques, métayer et jardinier de notre domaine. Plus M. Lesaulx, nouveau gardien du château. M. Dirand, le régisseur et arbitre de cette rixe, est arrivé trop tard. Le mal était déjà fait.

En gros, ils ont tabassé Boabès devant une assistance à la fois médusée et choquée. L'Algérien s'est retrouvé à terre. M. Lesaulx, dernier intervenant, lui a mis des coups de pompe dans la figure. Il a marmonné quelque chose, faisant référence à la guerre d'Algérie. Qui venait à peine de se conclure.

M. Boabès est revenu se changer dans ses appartements, anciennement ceux de M. Nassim. Il avait le visage tuméfié. Sa lèvre supérieure et son arcade sourcilière, rougies par le sang, étaient fendues. Sa paupière droite, horriblement gonflée. Le groupe des plus jeunes frangins, dont je faisais partie, l'a rejoint dans la cour d'entrée principale. Son état physique faisait peine à voir. À la limite du traumatisant pour des gamins.

— *Lui, sourire défoncé* : « Ça va, les enfants ?

— *Nous* : Vous saignez encore... vous avez mal, M. Boabès ?

— *Lui* : C'est rien du tout... demain, ça sera guéri... vous en faites pas pour moi.

— *Nous* : Pourquoi ils vous ont fait ça, les autres ?

— *Lui* : C'est personne... y a rien du tout... faudra pas le dire à votre Maman... promis ?

— *Nous* : D'accord...

— *Lui* : Je vous donnerai des bonbons... »

Tu parles. Dès que notre mère est revenue de sa tournée en Europe de l'Est, elle a appris des choses. Et mené son enquête. Ses sources d'informations les plus fiables provenaient de notre part. Un brin manipulés, on a lui a craché le morceau.

— *Maman* : « M. Boabès avait bu, donc… et… qui était contre lui ?

— *Nous* : Heu… Claude, le facteur… et Jean-Jacques aussi…

— Ah bon… Jean-Jacques…

— Oui… et M. Lesaulx aussi…

— M. Lesaulx… très bien… et… qu'est-ce qu'ils ont fait à M. Boabès ? Racontez-moi…

— C'est lui qu'avait commencé contre Claude…

— Bien… non, pas bien, ça… pas bien du tout… et ensuite ?

— Les autres, ils lui ont donné des coups de poing… et des coups de pied aussi…

— Des coups de pied… par terre… qui ça ?

— M. Lesaulx… et le facteur… après, M. Boabès saignait beaucoup… sur sa chemise…

— Et… personne n'a pris sa défense dans l'assistance ?

— Non… Jean-Jacques l'a poussé dehors… du Tornoli… et il lui a mis une gifle…

— Jean-Jacques… et ensuite ?

— Ensuite, lui et M. Lesaulx ont traité M. Boabès de sale…

— De sale… quoi ?

Là, on entrevoyait les conséquences. Noël a lâché le mot. Bicot.

Tous les protagonistes de l'affaire ont été convoqués sur-le-champ. Ça s'est passé dans le grand bureau de ma mère, au premier étage du château. L'entrevue a duré un petit moment. Claude, notre précepteur, en ressortit le premier. Il avait les larmes aux yeux. Les autres ont suivi peu après. Leurs mines n'étaient guère plus réjouies. Dans leurs crânes, résonnait encore le verdict couperet.

Claude, précepteur : congédié. Jean-Jacques, métayer : congédié. M. Lesaulx, gardien du château : congédié. Issa, « homme de chambre » : renvoyé dans son Mali natal pour un an minimum. La sentence prenait effet dans les plus brefs délais.

Quant à M. Boabès et ses nombreux pansements de momie, il écopait d'un sursis d'exclusion. Elle-même applicable en cas de récidive d'agression, scandale ou ivresse manifestes. Par conséquent, à la différence de ses opposants, il bénéficiait d'un traitement plus clément. Manifestement, son humanité ou sa fraternité n'avaient pas été mises en doute par Maman.

Visiteurs d'utopie

Toutes sortes de personnes passaient nous voir aux Milandes. Françaises ou étrangères. Inconnus et célébrités. Dans cette dernière catégorie, je dois dire que Gilbert Bécaud nous a fait grande impression. Grand ami de notre mère depuis la création par Bruno Coquatrix de l'Olympia, salle mythique où tous deux s'étaient produits et invités mutuellement, passé ensuite en contrat avec la même maison de disques qu'elle, il avait organisé une tournée européenne commune. Puis « Monsieur 100 000 volts » était venu chanter au cabaret de la Guinguette. Un tabac, il a fait. Maman est venue le rejoindre sur scène pour un duo improvisé de sa chanson « Je reviens te chercher ». Tous deux se faisaient face comme des amoureux et le public applaudissait en cadence.

Ensuite, il est venu faire un tour à la piscine. Il avait prévu une tenue de bain et a piqué une tête, barbotant joyeusement en notre compagnie. Gilbert Bécaud, en vrai. Le créateur de « Nathalie ». Celui dont on connaissait par cœur nombre de chansons et qu'on voyait régulièrement à la télé. On a joué au water-polo et Luis lui a fait boire la tasse. On a voulu imiter notre frère, bafouer les règles en le prenant pour cible, mais cette illustre vedette a viré de bord. Devant la flopée de bambins prêts à le couler, il a préféré évacuer le bassin et s'allumer une cigarette, étendu peinard sur le solarium. Et maintenant... que vais-je faiiire ?

Hervé Vilard nous a rendu visite, également. Il est carrément arrivé en avion, par l'aérodrome de Bergerac. Ce qui a dû lui coûter une petite fortune. En présence de la pétulante Rika Zaraï et de Jean-Claude Dauzonne, futur concepteur de la salle parisienne de Bobino, il a offert une prestation désintéressée, engagée même, concourant à sauvegarder le cadre et les enfants du « village du monde ». Il était comme sur les 45-tours : séduisant, juvénile, souriant. « Capri », son tube, était diffusé sur toutes les ondes. Là encore, une véritable idole des sixties, en chair et en os. Marianne et Jari ont joué les groupies en lui réclamant foulard et autographes. Porter un petit foulard noué autour de la gorge était dans le ton, à l'époque. Pas du tout femmelette.

Et puis, elle a débarqué un beau jour, accompagnée de types portant costards et lunettes de soleil. Elle était venue assister à une opérette donnée dans le cadre de la ferme, *L'Arlésienne,* où notre mère se produisait avec une troupe de comédiens venus de la capitale, dont un gamin rigolo et doué nommé Patrick Maurin, futur Dewaere en herbe. J'étais bien plus jeunot que lui à l'époque. Je n'avais que 5 ans. Pourtant, ça a été le coup de foudre immédiat avec La visiteuse de marque. Elle avançait vers nous, d'une démarche majestueuse, dans l'allée principale du parc d'attractions. Des rayons solaires orangés magnifiaient sa chevelure épatante, à la mode, c'est-à-dire rebiquant à hauteur des épaules. Sa voix, veloutée, et son visage, envoûtant, m'ont subjugué… saisi… transporté… pétrifié. Pas très longtemps. Dès que j'en ai eu l'occasion, j'ai saisi ma chance. Lorsqu'elle s'est penchée vers moi aux présentations.

« Tu t'appelles comment, madame ?

— Dalida… et toi ?

— Brahim.

— Ah… Brhhhim ! qu'elle a fait. Avec un accent oriental prononcé. Tu viens d'où ?

— D'Algérie… et toi ?

— Pas tellement loin de là… en Égypte… c'est là que j'ai connu ta maman… Au Caire, tu connais ? Non ?… Elle chante très bien, ta maman, tu sais…

— Toi aussi, tu es une chanteuse ?

— Bien sûr… et je danse aussi… est-ce que tu parles arabe, Brhhhim ?

— Non… tu es très jolie, Dalida…

— Merci du compliment.

— Très jolie, vraiment.

— Je te trouve très mignon aussi… vraiment…

— *Moi, pas gêné* : Dalida… tu veux bien te marier avec moi ?

— *Elle, sans hésitation aucune* : Mais bien sûr, chéri... *(Et avec un sourire enjôleur)* Tu es mon fiancé, maintenant. Viens avec moi. »

J'ai fondu. Comme neige au soleil. En extase, ne me sentant plus de bonheur, je lui ai collé au train toute la journée. Mais elle, en fin de journée, a pris un train SNCF Le Souillac-Paris, par le Capitole. Tu parles d'une idylle. Amer et mortifié, je me suis coltiné également quelques quolibets fraternels bien sentis. Comme quoi j'étais idiot ou bien naïf... qu'est-ce que je m'étais imaginé ? Avec ma ridicule petite taille... Je n'ai jamais revu Dalida par la suite. Ou bien à la télé. Je grandissais, évoluais, elle me faisait moins rêver. À mes yeux, la variété française, yé-yé ou pas, ne faisait plus le poids devant le rock anglo-saxon. Il n'empêche, cette icône glamoureuse fut mon premier grand amour. Et puis, bon... elle aura été ma femme durant une journée.

D'autres personnalités du monde artistique ont transité ou séjourné chez nous. Et puis des gens moins célèbres que les célébrités susdites mais très importants dans l'esprit ou le cœur de notre mère.

Jacques Abtey, son supérieur hiérarchique et ami intime durant la guerre, était comme chez lui aux Milandes. Cet officier du Deuxième Bureau et l'« agent » Baker se remémoraient leurs activités liées au contre-espionnage français. Sous un nom d'emprunt (Jean-François Hébert) et avec de faux papiers, Abtey se faisait passer pour l'assistant de Maman et sillonnait les pays étrangers en sa compagnie. Au cours de leurs tournées, tous deux glanaient et transmettaient nombre d'informations aux Alliés au péril de leur vie. Ce monsieur vieillissant et discret logeait dans un pavillon proche de l'hôtel « La Chartreuse ». Une habitude. Il appréciait cette habitation un peu surannée, sorte de maison de poupée grandeur nature. Le commandant nous racontait comment Maman avait fait installer un puissant récepteur radio dans la tour ouest du château, pour capter les émissions venant de Londres. Les réfugiés qui s'y trouvaient après l'installation par les nazis de la ligne de démarcation : l'ex-mari de notre mère Jean Lyon, alias Jean Levy, accompagné de ses parents, un duo de patriotes belges, un ex-ministre du Front populaire, un aviateur breton et d'autres gens qu'il fallait faire transiter en bateau par le Portugal. Des partisans locaux aussi, installés après la période de la zone libre et dont les traces de mains sanglantes, fossilisées sur le toit de la buanderie, témoignaient de moments tragiques.

Plus tard, Maman s'était rendue au camp de concentration de Buchenwald, à peine libéré de la barbarie hitlérienne, et y avait donné des chants pour les survivants. Le commandant nous expliquait ces événements avec pédagogie, sobriété. Une forme d'élégance générale se dégageait de sa personne. Comme notre mère et d'autres gens issus de la Résistance, il avait un sens moral et une rigueur développés. Un monsieur bien.

Pas le genre excentrique, à la Claude Menier. Celui-ci, un de nos nombreux oncles d'Amérique ou de circonstance, a débarqué un beau jour de Mexico city. Avec sa faconde lunaire. Ses récits romanesques. Et ses reptiles. Pas des serpents riquiqui, des boas constrictors épais comme ses bras. Des bêtes très affectueuses, selon lui. Chaud, le tonton. Quoique, niveau extravagance, Maman n'avait rien à lui envier, ayant elle-même transporté par avion cinq ouistitis hurleurs. Des animaux agités qui ont assuré l'ambiance du vol 747 pour Rio et maculé, en circulant, les sièges passagers de nourritures diverses, mictions et autres déjections. Même les toilettes ont été dégradées.

Remarquables et remarqués, il était naturel que « *tio* » (tonton en espagnol) Claude et notre mère eussent quelques points communs. Lui était le frère du fameux chocolatier dont la marque prospérait à l'époque. Bien sûr, il nous offrait quantité de tablettes. Et quand le stock venait à s'épuiser, il attendait sagement le passage du boulanger dans notre village. À l'instar du car scolaire ou de la voiture break du boucher, la camionnette du confiseur-baker (sa plaisanterie favorite) se pointait chez nous en klaxonnant à tout va. Vous aviez intérêt à piquer un sprint du fond du jardin ou de votre chambre si vous aviez quelque chose à commander. Vite, vite, avant que le véhicule ne reparte sur un dernier coup d'avertisseur.

Pour ce qui concernait le chocolat Menier, *tio* Claude prétendait ne pas devoir régler le commerçant, arguant du fait d'être son parent proche. Et détaillant, sous le regard ébahi de ce dernier, une note de commande à présenter à la firme de son frère.

C'était un original, ce *tio.* Un personnage paisible, rêveur. Par conséquent, un peu distrait. Un jour, il s'est rendu compte qu'un de ses boas avait disparu. Imaginez le tableau. Sur les ordres de Maman, affolée, ça a été le branle-bas de combat dans toute la propriété. À l'intérieur, les nombreuses pièces, de la cave au grenier, ont été passées au peigne fin. Puis, en maintenant son caniche nain dans ses bras, de peur de le voir englouti dans l'estomac de la bête, notre mère a dirigé les fouilles en extérieur. Tout le village était en émoi. Une quinzaine de personnes étaient réquisitionnées. La traque du boa a duré un bout de temps et sur nombre d'hectares. Cela dit, je n'ai pas souvenir qu'on ait retrouvé Lulu, l'énorme prédateur de *tio* Claude.

Sont également passés des parrains d'un jour tels que le sémillant Luis Mariano ou le gouverneur d'Algérie Lacoste. Ils n'avaient pas de cadeaux pour nous, ne sont jamais revenus, et n'ont donc pas laissé de souvenirs impérissables.

Enfin, il y eut des invités pas du tout prestigieux. Pas proches de notre mère, non plus. Et néanmoins marquants par leur gentillesse, leur naturel ou leur simplicité.

Me revient en mémoire un groupe mixte de pré-adolescents en villégiature estivale dans notre région. Originaires d'Aubervilliers, en banlieue parisienne, ils dépendaient d'un encadrement socio-culturel de tendance… communiste. Maman leur avait proposé de transiter par chez nous et d'échanger tout plein de choses culturelles, sociales et amicales.

Ils étaient une dizaine et avaient à peu près le même âge que nous. Avec eux, le courant est bien passé. Ils nous parlaient de la vie parisienne et nous, bien sûr, on leur faisait découvrir les joies et secrets de la campagne. Jeux de piste à travers bois et sentiers, robinsonnades sur les îlots cachés de la Dordogne, feu de joie dans la partie forestière du parc. Malgré l'interdiction formelle des parents et la menace d'incendie. Manque de pot, de la lointaine fenêtre de sa chambre, Maman nous a interpellés à la cantonade.

« Allo… les enfants… qu'est-ce que vous faites, là-bas ?

— *Nous, alignés devant un bûcher* : Rien, Maman. On s'amuse…

— Mais qu'est-ce que c'est que cette… chose, derrière ?

— Quelle chose ?

— Cette chose orange… derrière vous… qu'est-ce que c'est ?

— C'est rien… une toile qui flotte… pour monter une tente… »

Le bobard était gros, surréaliste. Fallait-il que la vue de notre mère fût basse à ce point pour l'avaler et refermer sa fenêtre, pleinement rassurée. À 62 ans, elle avançait en âge. Nous, en dissimulations.

On a arrosé les braises et puis on s'est rendus à la petite cabane en bois, au cœur de notre parc. Un pique-nique des plus fameux y a été organisé : chips, gaufrettes à la vanille, sodas, tartines beurrées et saupoudrées de Banania…

Maintenant, suivez-nous. Descendons l'allée en dénivelé menant tout au fond du parc. Folâtrons sur la pelouse centrale bordée de rosiers et visitons la pergola en arc de cercle si bucolique. Bosquets, bancs de marbre et déesses antiques nous y entourent. Dans ce cadre enchanteur, faisons plus ample connaissance.

Une des filles du groupe semblait avoir le béguin pour Jean-Claude. Une autre entretenait Luis en minaudant. La troisième, binoclarde mais loin d'être vilaine, serait ma fiancée. Sauf que moi, je n'étais même pas à l'âge du flirt. Le vrai. Avec la langue et tout. Non, trop jeune et un peu bêta. Et puis, on a joué un tour à nos hôtes citadins. Le coup du Maniaque. Le Maniaque… souvenez-vous… un dangereux psychopathe recherché dans tout le pays depuis… des crimes atroces… et, aux dernières nouvelles, ayant sévi dans le Limousin… Limousin… région limitrophe…

La pénombre vespérale était tombée sur le parc. Mystérieuse. Les statues, à cinq mètres, y prenaient forme humaine. Sous un quartier de lune, la silhouette d'une dame blanche s'est dessinée. L'oiseau de la mort a hululé plusieurs fois. Lugubrement. C'est Moïse qui s'est élancé le premier, en excellent acteur et sportif émérite.

« Le Maniaque…

— *Nous* : Quoi ?

— Le Maniaque… Il est là… je l'ai vu… s'est-il écrié. »

Ma voisine a paniqué :

« Il a vu quoi, ton frère ?

— Le… le Maniaque… un assassin… vite, dépêche… j'ai fait, en saisissant sa main. »

Moïse s'éloignait vers le château et hurlait :

« Il est là, je vous dis… caché… derrière le banc… »

Dans la tiédeur nocturne et soudain menaçante, tout le monde a pris ses jambes à son cou. Direction l'entrée lointaine de la cuisine. Une fuite effrénée, une peur instinctive. Le dernier de notre peloton allait être happé et zigouillé par cet effrayant meurtrier. Noël, notre benjamin, était le plus mal barré. Il croyait encore au Père homonyme. Alors, le Maniaque, vous pensez…

« Attendez-moi… attendez… qu'il a gémi en trottinant.

— Plus vite… il va t'étriper… plus vite… » lui répondait la voix cruelle d'un aîné.

Les lueurs de la cuisine se sont précisées. Nous l'avons gagnée au pas de course en haletant et en nous esclaffant. La bonne blague. On vous a eus. Et, mine de rien, j'avais gardé la main de la binoclarde dans la mienne.

Quoi en faire était maintenant la question. Les grands savaient, eux. Jean-Claude, notamment. Fort de sa petite expérience de séducteur, il procédait, à l'intention des plus jeunes, à des cours de baisers bien baveux. Ce, sur la personne de Pilar, la fille unique et électrique de Mme Amparo, notre cuisinière.

Amoureuse de notre frangin, Pilar se prêtait à ses démonstrations en patiente docile. Limite mannequin de cire volontaire ou poupée gonflable. Assise sur l'un des fauteuils en velours du grand salon, elle ouvrait grand la bouche sur les doctes injonctions de Jean-Claude. Et recevait de ses soins autant de bécots que la situation l'exigeait. Lui, debout et circulant derrière le siège, avait tout du conférencier théorisant et pratiquant les effets de l'amour.

Lorsque Pilar était amoureuse de vous, elle décernait une note maximale d'évaluation. Physique, s'entend. Avec elle, Jean-Claude avait 10 sur 10 en permanence. Des fois, c'est arrivé à Luis également. Mais pas aux autres. Surtout les mioches comme moi et tout le groupe des petits. Jusqu'à ce jour où, de retour d'une partie de rugby à cinq entre frangins, on s'est rendus au salon télé. Sprint brusque. Le dernier arrivé était une poule mouillée. Un de nos jeux favoris.

On a déboulé dans la pièce en braillant et se chahutant, tout en dérapages contrôlés sur le parquet. Moi, je me recoiffais une mèche de cheveux rebelle, soufflais, ahanais, quand Pilar, de son accent hispanique mélodieux, m'a interpellé. Elle me proposait de la suivre vers une salle de bains voisine.

« Et le feuilleton ? C'est pas le moment », ai-je protesté.

Elle me fixait de ses yeux sombres :

« Si, c'est important.

— Mais pourquoi maintenant ? Et pourquoi dans la salle de bains ?

— Tu verras… C'est secret. Viens. »

Parce que 10 sur 10. Voilà. Aujourd'hui, j'étais l'élu de son cœur. Elle me trouvait beau. Beau comme jamais. En plus, elle m'avait observé en pleine lecture à la bibliothèque, avant le match. *L'Iliade*. Elle avait été impressionnée par ma concentration. Moi, ça me faisait une belle jambe. À la télé, le feuilleton *Rocambole* avait dû commencer. C'était contrariant. Pilar m'a alors fait savoir qu'elle allait se mettre nue devant moi. Enfin, le haut. Un insigne honneur réservé à ses amoureux.

Je n'avais que 9 ans. Elle, 11. Et déjà pubère, la fille. Touffes de poils bruns aux aisselles. Sûrement pareil au sud de son nombril. Et une poitrine, ma foi… en développement ardent. Des seins en fleur, pointant comme les melons de son pays ensoleillé, enfiévré. Des aréoles claires, à moi délivrées. L'Espagne en ce château, un tantinet velue mais incandescente. Cependant, une question me trottinait dans la caboche. Et si elle, maintenant, désirait voir le phénomène nouveau sous mon caleçon ? L'érection première de mon vermicelle de contrebande ?

Au lieu de cela, elle a dit :

« Embrasse-moi, mon cœur…

— Maintenant ?

— Oui… maintenant. »

Je me dégonflais :

« Tu veux pas après… après Rocamb…

— No… soisis… C'est oun baso ou lé film… tou peu mé caresser les seins, si tou veu… les soucer aussi… »

Son accent et sa voix serpentine étaient… *muy agradable.* Ils me tournaient la tête et les sens, soudainement. Elle attendait, à demi dévêtue, confiante en sa pulsion impérieuse. Et elle avait raison. L'éternel féminin m'a privé d'un épisode rocambolesque, soit. Mais pour une initiation bucco-tactile à la saveur douce-amère et *estramadure.* Un goût inoubliable.

Dios mio ! Qu'aurait pensé Mme Amparo de ces succions suaves ? de sa Pilar Immaculada Concepcion en offrande pas très catholique ? Et le général Franco, à cheval couillu sur ses principes inquisiteurs ? Et Maman, si elle nous voyait… nous surprenait, elle, qui pensait pouvoir tout gérer à notre sujet ? *No comment* et rideau sur tout scénario de velléité sexuelle.

La sève montait en cette demeure. Et il semblait que cela échappait aux adultes, de manière plus ou moins délibérée. On était pourtant à la fin des années 60, en pleine libération des mœurs. Le film *Erotissimo* cassait la baraque dans tout le pays.

J'ai lâché la main de ma copine à lunettes. Non sans lui avoir délivré un sourire platonique. C'était un beau brin de fille mais un peu trop innocente. Rien de comparable avec Pilar la charnelle, la passionnelle, elle-même repartie un an plus tôt à l'ouest du Guadalquivir.

Il n'empêche, réservé ou pas, on reste garçon avant tout. C'est-à-dire curieux par nature. Et, durant la semaine qui a suivi, j'ai eu l'occasion de voir également cette sympathique demoiselle en tenue d'Ève. Comment ? facile. Maman étant repartie à l'étranger, aucun précepteur n'étant présent pour nous surveiller, nos invités d'Aubervilliers ont passé quelques soirées en notre compagnie. Et même des nuits blanches. Tous les repères horaires étaient chamboulés pour célébrer notre indépendance nouvelle et ces agréables soirées d'été. Repas de minuit, parties de cache-cache nocturnes, *pick-up* et concerts improvisés en *play-back.* Et puis, l'aube venant, voyeurisme organisé.

À l'heure du coucher, les quatre filles du groupe banlieusard partageaient deux chambres contiguës et une salle de bains commune côté aile sud du château. Marianne, notre sœur, ainsi que notre cousine Rama, avaient déjà été victimes de notre coupable perversité.

Des fissures, au grenier. Permettant de se rincer l'œil sur plusieurs pièces intimes. À discrétion. Et en toute impunité. Un spectacle intéressant. Quoique un peu frustrant. Vu en plongée, le corps d'une jeune fille dévêtue et mobile offre des perspectives plutôt écrasées – quand ce n'est pas bouchées. Mais bon… Jean-Claude, Moïse, Luis, deux des garçons de l'équipe visiteuse et moi-même, n'avons pas fait les fines bouches. Nous chuchotions sous les combles, conscients que nous assistions à une toilette privée, mystérieuse, dont nous violions la pudeur. C'était pas du tout moral, ça… pas du tout. Mais, après tout, les filles n'avaient qu'à faire comme nous.

Le jour de leur départ, nous avons accompagné nos camarades de vacances à la gare des environs. Une petite station perdue en rase campagne. Y passaient quotidiennement deux ou trois tortillards menant à une correspondance.

La fille qui avait un béguin pour Jean-Claude a pleuré. La mienne m'a écrit son adresse puis gratifié d'un bisou. À la russe. Cette caresse sur ma bouche était tendre, inattendue, et on a bafouillé quelques mots.

« Vous viendrez nous voir à Paris ? a-t-elle demandé.

— Peut-être bien…

— Notre banlieue, c'est moins joli qu'ici…

— Faut voir… Sinon, revenez l'année prochaine.

— J'aimerais bien… c'était très chouette… vraiment… » Re-bisou.

« Au revoir… et bon voyage.

— Au revoir. »

À cet âge, on ne sait pas qu'on ne se reverra jamais. L'omnibus s'est mis en route. Des signes de main ont été échangés. Aucun d'entre nous n'oublierait ces jours heureux aux Milandes. Surtout pas eux. Quant à moi, j'habite maintenant à Paris-Paname, dans le XIXe arrondissement. Et de mon balcon, je scrute de temps à autre les toits d'Aubervilliers. En face.

Voyages en longues autocraties

L'Algérie, ça a failli être annulé. Un mois avant la date d'invitation officielle de son gouvernement, le président Ben Bella a été renversé. C'est le colonel Boumedienne qui a pris le pouvoir vers juin 1965.

Peu après, on l'a vu à la télé. Visiblement, un imposteur. Avec une tronche de méchant de bande dessinée, façon Hergé. Et puis, à cause de lui, nos vacances étaient remises en cause.

Maman attendait des nouvelles de l'ambassade de France à Alger.

« Est-ce qu'on va en Algérie en juillet ? on la questionnait.

— Je ne crois pas, mes enfants, ce n'est pas le moment...

— Maiiiis... mamaaan... pourquoi ?

— La situation est grave là-bas... très grave.

— Mais pour nous, qu'est-ce que ça change ? On pourrait y aller quand même.

— Comment pouvez-vous dire cela ? Je n'admettrai aucun caprice. Actuellement, Juan-les-Pins me semble une solution plus raisonnable.

— Pfff… mais Juan-les-Pins, on connaît. On y était déjà l'année passée.

— Tous dans vos chambres, j'ai dit… immédiatement ! » Fallait pas insister. Notre mère et les adultes n'autorisaient aucune contestation de notre part.

Ça ne rigolait pas à l'époque.

Et puis, miracle.

Quelques jours après, les choses se sont arrangées. Alger la Blanche redevenait une destination autorisée.

Youpi !

Direction Marseille pour prendre le bateau et traverser la Méditerranée.

Évidemment, en villégiature, on ne passait pas inaperçus. Notre voiture, une Simca Domaine à trois banquettes arrière, faisait se retourner bon nombre de passants. De surcroît, avec une smala pareille, nez collés aux vitres. La honte.

Dans les gares ferroviaires, les gens reconnaissaient Maman et s'agglutinaient autour de nous.

La plupart commentaient nos types raciaux et s'en émerveillaient. On nous pointait du doigt.

La super honte !

Tout le contraire de notre mère, souriante et signant des autographes au tout venant. Des quidams prétendant l'avoir vue chanter des années auparavant au fin fond de la Corrèze ou du Jura. Lui réclamant un petit couplet. Et elle, se mettant à gazouiller : « Mon cœur est un oiseau des îîîîîles… »

À Marseille, changement de programme. Maman devait préparer et assister à un meeting sur les brassages interethniques du Mare Nostrum méditerranéen. Elle nous a confié pour deux jours à un centre de loisirs avant l'embarquement pour Alger.

D'autres enfants, de condition modeste, y résidaient durant tout l'été.

Apparemment, leurs familles n'avaient pas les moyens d'aller à Alger, ni ailleurs.

Nous, on s'est fondus dans le nombre et on a sympathisé.

Au déjeuner, à ma table, j'ai décide de me lier avec un petit gars de mon âge, assis en face de moi.

J'avais beaucoup de compassion pour lui. D'abord, parce qu'il était noir. Je veux dire de couleur, ainsi que nous l'avait appris Maman.

Donc, une victime, en principe. Comme dans les films. Je le plaignais aussi parce qu'il avait l'œil gauche crevé. Ça faisait un truc apparent, tout blanc et affreux dans son orbite.

Je lui ai parlé foot. De Joseph, l'avant-centre de l'Olympique de Marseille. Un sacré joueur, ce Joseph. Un buteur. Un Africain comme lui.

« Suis pas africain, il a fait.

— Tout de même… Je l'ai vu à la télé, il va vous faire gagner la Coupe de France, je parie.

— Sais pas. J'ai pas la télé.
— Non ?
— Non... je vais pas au stade non plus. »

Son œil valide était d'une froideur minérale. Et le dessin de sa mâchoire, une fermeture Éclair bouclée.

Toujours empli de commisération à son égard, et sur le modèle de ma mère, j'ai proposé de lui offrir une portion supplémentaire de purée.

C'était un petit Noir. Pauvre. Défiguré. Il devait avoir faim, comme les malheureux Biafrais de l'époque.

J'ai fait le service. De mon plateau vers le sien. Sa paupière s'est close un bref instant. Puis, l'entrouvrant doucement, il m'a fixé avec méfiance.

« J'en veux pas...
— Mais si, une cuillerée en plus.
— J'en veux pas, je te dis.
— Allez quoi... une autre... pour finir ton plat. »

En guise de remerciement, il a renversé son assiette d'une main. La viande et la purée compacte se sont écrasées sur la nappe en papier.

Surpris, nos voisins de tablée ont hurlé. Ils se bidonnaient comme des baleines tandis que cet idiot... et moi, nous nous regardions en chiens de faïence.

Attiré par notre tumulte, un éducateur s'est pointé. Ça ne rigolait pas comme maintenant, avant 68. Pas du tout.

Le type a collé une beigne au coupable. Puis, saisissant sa nuque, il lui a appliqué le visage sur le déchet étalé.

Vigoureusement. Pour lui apprendre. Ovation de surprise générale. Le petit Noir avait le visage blanchi et maculé de purée. Soudain, il s'est mis à chialer. Des pleurs retenus, déchirants.

Pendant ce temps, l'éducateur lui enjoignait de se lever et d'aller se débarbouiller.

L'autre s'est péniblement exécuté en sanglotant de plus belle.

J'étais mal. Une profonde affliction m'a envahi. Un sentiment qui m'étreignait le cœur et me faisait soudain réaliser que j'en avais beaucoup trop fait.

Lui aussi, peut-être. Mais pas pour les mêmes raisons. Voila. Fin de la leçon de vie pratique.

Autour de moi, l'agitation est peu à peu retombée.

Arrivée à Alger. La presse, la télé. Un opérateur caméra nous cadrait en se frayant un chemin à reculons dans la foule. Il officiait pour la chaîne gouvernementale.

Futur réalisateur de films, puis lauréat d'une Palme d'Or, puis ministre de la Culture de son pays, Mohammed Lakhdar Amina ne se doutait pas que nous en reparlerions une trentaine d'années plus tard. Moi non plus, sirotant en sa compagnie un verre au bar de l'hôtel Martinez, durant le 51e festival de Cannes.

Nous sommes de la même origine. Mais pas de la même culture. Et pour cause.

Il connaît bien Saïda, la ville où je suis né. Mais pas les circonstances du décès de mes parents biologiques, durant la guerre d'indépendance.

Moi encore moins.

D'un autre côté, je lui ai confié ne pas avoir de gros problème identitaire. Ma famille adoptive, avec ses rires et ses chamailleries, me correspondait amplement. C'était mon destin, voilà tout. Inch'Allah... et tchin tchin...

On a aussi évoqué ce fameux voyage officiel.

La réception à l'ambassade de France. Maman apprenant le mambo à un diplomate timoré. Invitant tout le monde à la rejoindre sur le grand balcon bordé de palmiers. Le président Boumedienne, sourire carnassier à la Rastapopoulos, entouré de sa garde rapprochée d'officiers aux faciès tout droit sortis d'une bande dessinée. Le toast porté par ce dernier en son honneur, « à la grande artiste du tiers-monde », tout de même un peu compromise avec des représentants et gouverneurs de l'État gaulois-gaulliste lors d'« événements » passés ayant abouti à l'indépendance du pays.

Et puis, notre séjour dans la capitale et les autres villes.

Je me souviens du centre estival et populaire pour jeunes où Maman, là aussi, nous a placés quelques jours.

Et toujours avec des gamins de notre âge. Des petits Algériens blonds, café au lait, et même noirs.

Certains se tenaient en retrait. Des mouches butinaient leur visage et leur crâne rasé. Ceux-là venaient du Sud du pays, de régions défavorisées.

La plupart de ces gosses nous dévisageaient avec curiosité et chaleur.

Moi, j'étais leur chouchou. Brahim, le régional de l'étape. Au foot, ils souhaitaient donc que je joue dans leur camp face à l'équipe de mes frangins. Normal, pour eux, j'étais d'ici. Un de leurs compatriotes. Et lorsque, un midi, j'ai signalé un début d'incendie sur le toit de la salle à manger commune, tout le personnel m'a ensuite chaleureusement félicité.

Mes nouveaux copains, eux, me regardaient avec fierté. En héros.

Les frérots, pas plus que ça. Quoi, quel héros ? J'étais juste un témoin fortuit s'étant rendu aux toilettes pendant le tournoi de ping-pong.

Cuba, c'était aussi en été. Et aussi avec presse et télévision nous accueillant à La Havane. Sur la route menant à notre résidence, de grands panneaux affichaient des images et slogans révolutionnaires.

La plupart de ces peintures célébraient le Che, ses compagnons de route, le peuple solidaire, la justice sociale.

Mes frères et moi, on remarquait avec circonspection les fresques murales hostiles aux États-Unis.

Y étaient reproduites des scènes de combats surtitrées : *A muerte los yankees, Victoria O Muerte, En El corazon del Pueblo.*

Nous contemplions ces œuvres militantes en nous posant quelques questions. Appelant des réponses quelque peu contradictoires.

Maman était américaine. Pas foncièrement communiste mais, à sa façon, révolutionnaire. Plutôt complexe, tout cela. Par ailleurs, elle avait connu le Cuba des années 50, surnommé « le bordel des États-Unis », pays livré aux corruptions mafieuses et à la ségrégation raciale. Fidel, lui, avait changé la donne en tenant tête au cynisme dégradant du grand *business* et en proposant aux forces vives de son pays des programmes d'éducation et de santé qui avaient dû la séduire. Sans parler de caution politique, ça faisait la nique au pays natal, comme le lui avait suggéré un de ses compatriotes résidents, l'écrivain Ernest Hemingway. Cet auteur-baroudeur légendaire qui, ayant connu notre mère à l'époque glorieuse du Montparnasse, l'avait qualifiée de femme la plus extraordinaire au monde. Oui, des idées communes et une admiration certaine avaient pu se développer entre ces trois personnages hors normes.

Plus intéressant encore : elle-même était fichée aux USA, sa terre natale, par un FBI totalement paranoïaque après la guerre. Comme quoi, ayant participé à la marche pour les droits civiques tout d'abord réclamés par Malcolm X (leader brillant mais furieusement belliqueux à ses yeux) et assisté au fameux discours du pasteur pacifiste Martin Luther King en 1963, juste avant son assassinat, gardant des liens avec l'activiste et agitatrice noire Angela Davis, et témoignant de la compréhension, voire de la sympathie, pour le mouvement des Black Panthers, elle se voyait taxée d'artiste *colored very « red »* au pays de l'oncle Sam.

Notamment par des sous-entendus chauvins et subjectifs sur sa récente acquisition de la nationalité française, par des flinguages en règle de ses spectacles locaux, ou autres commentaires venimeux de personnalités telles que Walter Winchell. Un éditorialiste conservateur – hello ! Sénateur Mac Carthy – ayant assisté au scandale anti dis-

Une égérie des années folles...

Rayonnante Joséphine...

Fatale Joséphine...

© cineclassico / Alamy Banque D'Images

Froufroutante Joséphine...

© Bridgeman Images

Osée Joséphine !

Toujours adulée lors de son retour sur scène à Bobino en avril 1975…

Bianca et Mick Jagger au premier rang.

Avec la princesse Grace de Monaco et Jean-Claude Brialy lors de la soirée au Bristol.

Une femme engagée à travers le siècle.

1936, Joséphine Baker participe à une distribution alimentaire.

En uniforme de l'armée de l'air pendant la Seconde Guerre mondiale.

Le général Valin remet la croix de la Légion d'honneur à Joséphine Baker le 19 août 1961 au château des Milandes.

Défilé gaulliste en mai 68 avec Akio, l'aîné de la fratrie.

Joséphine, une mère...

Jo Bouillon
et Joséphine Baker,
lors de leur mariage
à Saint-Cyprien,
en 1947.

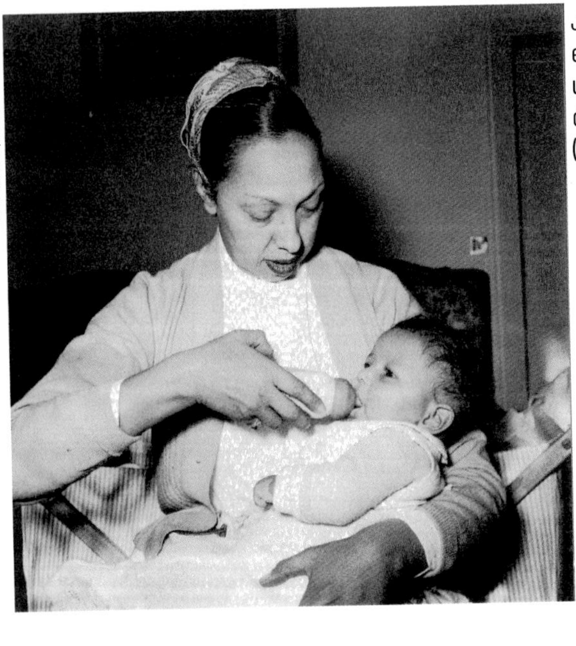

Joséphine
et Brian,
un moment
de tendresse...
(1957).

Josephine Baker avec ses 10 enfants visite Rotterdam, le 8 août 1959.

Toute la fratrie, à la sortie de l'hôtel Scribe à Paris, Brian marche devant sa mère.

Vacances joyeuses à la piscine du Monte Carlo Beach Club en 1969.

Une partie de la tribu Arc-en-ciel en 2006. Brian, penché, au centre.

criminatoire provoqué par notre mère en 1953 au Stork Club.

Habitué de ce restaurant new-yorkais huppé, il en avait pris le parti dans ses colonnes. Relatant le fait que Maman y avait été reçue correctement. Normalement. Comme une Blanche. Mais omettant de préciser qu'on n'avait pas daigné la servir. Comme une… mais chut! l'air de rien. On voulait bien mettre Duke Ellington ou Cab Calloway en fond sonore, mais fallait pas pousser.

D'après ce tartuffe réactionnaire, Noire ou pas, « Miss Baker » avait eu tort de protester en public, avec véhémence. D'appeler ensuite le préfet de police du district puis son avocat, et d'entraîner mon père et des invités dans un conflit mémorable avec cet établissement. Piquet de grève de l'association antiraciste NAACP dès le lendemain et tout et tout…

À quelques tables voisines, une cliente type, discrète, élégante, blonde, fut témoin de la scène. Admirative de la révolte de notre mère, la juvénile actrice Grace Kelly allait faire re-croiser par la suite trajectoires et destin. Mais en princesse, cette fois.

En attendant, notre villa aux environs de La Havane était superbe. Verdure, piscine, plage à deux cents mètres.

Le seul bémol concernait nos chambres.

Lumineuses, spacieuses et tout, mais abritant à l'occasion des araignées grosses comme le poing. Un détail, aux Caraïbes.

L'autre point noir : la pluie. C'était la saison. Vers cinq heures de l'après-midi, chaque jour, une averse ponctuelle et tropicale déversait des trombes d'eau puis s'éloignait aussi brusquement. Pas si grave. Nous nous sommes adaptés en continuant de jouer sous les gouttes chaudes et abondantes.

En revanche, le jour où il a fallu suivre un discours entier du président Fidel Castro, on a morflé.

Quatre heures, facile, dans un stade de baseball plein comme un œuf.

Des dizaines de milliers de personnes écoutant le Lider Maximo développer avec énergie et puissance la politique à suivre pour le pays.

Tout cela en espagnol et en plein soleil. Pour des mômes de 10-12 ans, c'est rasoir. Castro, la barbe ! Si j'ose dire. En plus, on le distinguait à peine dans la tribune officielle. D'où nous étions placés, un point minuscule s'agitant et expectorant. Encore un coup génial de Maman, absente, elle, car elle donnait un récital le soir même.

Autour de nous, le public applaudissait par intermittence. Des gens métissés, habillés simplement. Nous étions en 1966 et tous semblaient y croire.

Près de nous, un type portant un chapeau de paille souriait de presque toutes ses dents.

Il buvait les paroles impérieuses issues des haut-parleurs. Nous, nous avions plutôt soif de sodas. À défaut de Coca. Au service de notre délégation, d'aimables et ravissantes hôtesses ont tôt fait de nous satisfaire.

Les jours passaient. Toujours pas de rencontres avec El Commandante.

On a visité le Nord de l'île en se déplaçant en bimoteurs. Par moments, ces avions à hélices cahotaient dans les airs de façon suspecte.

Un truc à vous faire faire le signe de croix. Ou recracher vos tripes.

Deux de mes frangins, qui s'amusaient au départ avec leurs pochettes sanitaires, les ont copieusement garnies de vomissures. Maman, elle, aucun problème. Titulaire d'un brevet de pilote avant-guerre, elle s'était amusée comme une folle à bord de biplans et autres coucous instables.

On a visité des écoles, des hôpitaux. Là-bas, ça semblait être une priorité pour cette population pauvre mais digne. Et touchante.

Les gens étaient très gentils. Et pas seulement avec nous. Entre eux aussi.

Malgré les difficultés dues à l'embargo américain, musique, orchestres et chants étaient omniprésents. Une composition essentielle, innée, de voix typées, de rythmes et de sons chauds. Un univers spécifique, s'imprimant dans votre mémoire.

Retour à La Havane. Fin de notre séjour.

Pas de Tonton Fidel, ainsi que nous devions l'appeler en cas d'entrevue. Ordre de Maman.

A priori, inutile maintenant. C'était tout de même un voyage amusant.

Soudain, la veille de notre départ, secousse tellurique.

Ballet d'hélicoptères au-dessus de notre piscine. Gardes rapprochés en treillis investissant villa, plage et routes alentours.

Des types en casquettes, armés de mitraillettes et de grenades. Des vraies.

Mes frères et moi étions scotchés. Impressionnés.

Quoique tentés, on n'a tout de même pas osé demander aux gars si on pouvait essayer leurs redoutables joujoux.

À première vue, ils n'étaient pas là pour plaisanter.

Le commandant s'est pointé dans une atmosphère de liesse. Les employés de la résidence l'applaudissaient et nous, sur injonction de notre mère, nous l'avons entouré et embrassé. Fallait aussi faire le baisemain à une dame en tailleur clair qui l'accompagnait.

Maman a rappelé à chacun, à la queue leu leu et à tour de rôle, cette bienséance en murmurant entre ses dents. Elle nous faisait le coup dans toutes les entrevues officielles. À la Reine de Suède, à celle du Danemark, à la présidente de l'Unicef, à Jackie Kennedy. Et même au pape en personne. Mais Paul VI, lui, fallait baiser un certain anneau.

Très âgé et un peu vacillant, il avait d'ailleurs benoîtement béni mon avant-bras plâtré et en écharpe. Une fracture du poignet. Contractée sur un terrain de foot.

« À mon poste de gardien de but.

— Ah bon ?

— Voui ! »

Il avait l'air sincèrement désolé pour moi. Pas autant que ma mère cependant, apprenant le soir même de source romaine plus ou moins fiable, que le Saint Père était pro-communiste.

Et pourtant maintenant, Maman animait cette soirée cubaine en musique. Salsa et pas de danse devant le duo présidentiel, ravi. Elle qui, du temps de Baptista, le dictateur renégat, se voyait refuser l'accès aux hôtels huppés de l'île, avait une pêche d'enfer ce soir-là. Toute en rumbas et grands écarts aussi techniques que politiques.

Nous, les enfants, étions également invités à nous trémousser en cadence. Koffi, pas gêné, s'est assis sur les genoux de « *tio* Fidel » et, avec son accord, lui a tiré la barbe. Il s'intéressait également à ses cigares. Cela a fait rigoler notre hôte surprise. Pour un dirigeant politique, il était vachement décontracté. En plus, il avait plein de cadeaux pour nous. De rutilantes tenues de baseball à nos tailles. Et mieux encore : des ensembles militaires à casquettes et épaulettes frappées du drapeau révolutionnaire. En France, nos copains de classe allaient en être verts d'envie. Au moins autant que ces vêtements prototypes.

Devant notre enthousiasme juvénile, Maman se réjouissait d'un sourire un peu crispé. D'autant que *tio* Fidel nous proposait, sur un ton convaincu, de devenir colonels de son armée. Si d'aventure, certains membres de la fratrie émettaient un jour le souhait de s'installer à Cuba. Et ce soir-là, il ne plaisantait pas.

Split, Yougoslavie. Après un crochet par Zagreb, la lumière aveuglante du soleil et des reflets de la mer Adriatique nous accueille en cette fin de mois de juin. C'est cool.

En traversant l'aéroport, encore et toujours la presse et la télévision.

Maman tient une conférence improvisée et remercie le maréchal Josip Broz Tito, ancien partisan anti-nazi aux commandes du pays depuis la fin de la Deuxième Guerre mondiale. À la tête de ses 800 000 hommes, il s'était opposé aux SS et autres oustachis d'une Croatie dont il était pourtant issu. De plus, sa démocratie populaire se voulait indépendante du guide et modèle, du grand frère, l'ours soviétique. Une troisième voie sur l'échiquier politique mondial, donc. Tout pour plaire à notre mère, ça.

Précisons qu'en témoignage de sympathie pour ses idéaux et ses engagements, celui-ci n'offre à la camarade Joséphine ni fleurs ni médaille… mais une île. Carrément. Près d'ici, sur la côte dalmate.

Sibenik, ça s'appelle. Maman y a de grands projets et doit s'y rendre le lendemain pour la visiter. Cette fois, nous ne sommes que trois de ses fils plus ma sœur Marianne pour l'accompagner. Ce qui n'empêche pas les journalistes croates de nous voir et nous flasher comme des extraterrestres. Quelque part, il y a de quoi.

Imaginez-nous naviguant, faisant le tour de Sibenik, dans une vedette de la police locale.

Le vent cinglant nos visages et Maman tirant des plans sur la comète.

— *Elle* : « Voila ! Le centre international pour étudiants…

— *Ma sœur* : Où ça ?

— Ici… en haut des rochers… ces étudiants viendront du monde entier, grâce à des bourses de leurs facultés… en face, ce sont les bureaux… l'administration… les logements et le restaurant sont au bout là-bas... et derrière, les terrains de sport...

— Ah bon ? »

De quoi parlait-elle ? Présentement, en face de nous, se trouvait une montagne de caillasses. Des blocs rocheux énormes et hostiles.

Sur près d'un kilomètre carré. Tu parles d'un cadeau.

Pour faire naître ce projet, il fallait des années. Et des millions.

Déjà qu'elle avait des soucis financiers...

Bien sûr, ce rêve délirant n'a jamais vu le jour.

Mais peu importe. Maman carburait aux idées visionnaires et, somme toute, en a matérialisé quelques-unes.

Quant à la finalité de ces voyages en autocraties, un biographe de l'époque a parlé de « récupération politico-médiatique ».

Mouais ! Discutable. Et vague. Il ne précisait pas de la part de qui...

Maman était suffisamment fine mouche pour ne pas se laisser manipuler comme une artiste décervelée.

Partant de là, on peut se demander qui utilisait qui. Et affirmer que, la concernant, c'était pour la bonne cause.

C’est pas moi !

Aux Milandes, la véritable vedette, ce n’était pas Maman. C’était notre frère Moïse. Moïse surprises, Moïse bêtises. Toujours à fureter partout, à braver les interdits des grandes personnes. Sa curiosité et son esprit d’aventure, sans limites, le poussaient à commettre certaines actions condamnables nommées conneries.

Comme pénétrer de façon clandestine dans les chais et y goûter la production de vin, à même les robinets des cuves. Ou enfermer des touristes dans le Jorama, le musée de cire, au cœur du village, consacré à la vie de nos parents. Emprunter la voie ferroviaire à bicyclette ou les cigarettes papier maïs de notre brave régisseur, M. Dirand.

Mais aussi échanger, façon sketch, sa kippa contre ma chéchia lors d’un congrès sur la guerre israélo-égyptienne. Cela, dans le dos de notre mère en pleine conférence pour la paix au Moyen-Orient et surtout face à un parterre de presse hilare.

Le temps que Maman, intriguée, ne pivote dans notre direction, nous avions replacé nos coiffes d’origine.

Reste son coup le plus fumant. Un cambriolage de haut vol en terrain de connaissance. À savoir : notre propre habitation. M. Trijoulet, le fidèle comptable de notre mère, ne s'était pas assez méfié de la présence répétée (et par là même suspecte) de ce rusé frangin en son bureau.

Prévoyant, ce dernier avait d'abord bouclé la fenêtre de la pièce à l'espagnolette.

Puis, mine de rien, il a observé le vieil homme vaquant à ses occupations. Entre autres, le déverrouillage de l'imposant coffre blindé.

Pendant l'opération, le vétuste employé avait plaisanté.

« Non… non… mon petit… on ne regarde pas.

— *Mon frère* : Quoi donc ?

— Hé hé… tu sais bien… la combinaison du coffre, pardi.

— D'accord, monsieur Trijoulet.

— Hé hé… vous seriez capables… hi hi… de le dévaliser, hein ?

— Qui ça ? nous ? »

Tous deux ont rigolé de concert. Moïse mémorisait.

Ha ha… 7… hé hé hé… 4… ho ho… 9

L'endroit, attenant au bureau de notre mère, était fermé à double tour en fin de journée. Impossible d'y accéder sans les clefs. À moins que… la fenêtre… et sa poignée complice…

Malgré tout, pour parvenir à ce sésame, il fallait emprunter la voie extérieure. En escaladant tout d'abord un balcon haut perché. Puis une gargouille grimaçante donnant sur un rebord mural à l'étroitesse perfide. Vertigineuse.

Quinze mètres du sol, tout de même. Et maintenant, le plus difficile : longer ledit rebord jusqu'à ladite fenêtre sur presque toute la largeur du château. Tout cela de nuit, bien évidemment.

Moïse ne nous a pas mis au courant de son challenge. Ni de la réussite du téméraire projet. Pourtant, chose bizarre, on l'a vu acheter quantité de choses à l'épicier ambulant. Tablettes géantes de chocolat Milka, paquet de chips et de gaufrettes par dizaines… parfois en réglant avec des billets de banque.

Quelque chose clochait avec lui, on se disait.

À cette période, vous ne croisiez jamais de gamins de 11 ans avec cinq Voltaire dans la poche sans vous étonner. Grandement. Moïse avait piqué pas mal d'argent. Beaucoup trop. Au point de ne plus savoir qu'en faire et de vouloir, *in fine,* le partager. Ça et son délit aussi.

Il a trouvé preneur auprès de trois d'entre nous. Moi, au départ, je n'étais pas concerné. Trop jeune. Mais il s'avère que je traînais par là lorsqu'un de mes aînés, dans la confidence, a planqué sa part dans un recoin de penderie. Je l'ai épié, à la Touareg. Des pièces de monnaie tintaient en cascade dans la pénombre. À l'affût, j'ai attendu son départ pour me précipiter vers les étagères sacrées.

Au fond de la dernière, tout en haut, nichait un véritable trésor. De petits sacs de toile, de la taille d'une bourse de Thierry la Fronde, remplis de pièces argentées. Anciens et nouveaux francs par poignées, une partie en rouleaux. C'était bath. De quoi commander des Malabars et sucettes en coquillage pour des années. Risible était mon argent de poche à côté de cette manne incalculable.

Vite, il fallait se décider. Et cavaler au triple galop vers un repaire secret.

Je me suis contenté de délester la part de ce peu discret frangin d'une bourse. Une seule. Mais bien rondelette. Et prometteuse de sucreries à foison.

Elle a échoué sous un conifère du parc. Enterrée à son pied, comme dans le feuilleton… je ne sais plus… une cache secrète adorablement privée, absolument indétectable. Car j'avais pris bien soin de ne pas être suivi lors de cette délicate intervention. Filons maintenant… Hue ! Yaaah ! Un manant pourrait survenir.

Dès le surlendemain, tout a foiré. Le comptable avait réalisé un manque de fonds en liquide et en a informé Maman. Une enquête a été menée auprès des employés. Puis des enfants. D'habitude, lorsqu'une bêtise était commise, on interrogeait tous les garçons de la fratrie. Marianne, innocente (et innocentée d'office), et Stellina, au stade de la petite enfance, n'étaient pas impliquées.

Le mode de questionnement était invariable. De même que les réponses. Notre mère et les adultes nous interrogeaient en revue. L'un après l'autre. Ça donnait à peu près ceci :

— *Maman* : « Est-ce toi qui as fait cette chose honteuse, Jari ?

— *Mon frangin finlandais* : Non, Maman. Ce n'est pas moi.

— Tu es sûr ?
— Oui, Maman.
— Et toi, Luis ?
— C'est pas moi non plus.
— Et toi ?
— Non. C'est pas moi.
— Et toi ?
— Pas moi.
— Et toi ?
— C'est pas…
— Alors, qui est-ce ? »

Pas de réponse. Ça la rendait folle. Refluant de l'air par ses narines, elle disait qu'elle ne céderait pas. Qu'elle en avait vu d'autres pendant la guerre. Alors, qui a fait ça ? Silence pesant dans la cuisine.

Bien. Dès lors, nous étions consignés dans nos chambres jusqu'à nouvel ordre. En attendant d'autres mesures coercitives. C'est peu dire que Moïse était, en général, suspect n° 1. À nos yeux aussi bien qu'à ceux des adultes. À lui seul, il était à l'origine d'une bonne moitié de nos incartades. Mais faute de témoignages ou de dénonciations de notre part, c'est toute la section masculine qui trinquait. Soudée. Comme à l'armée.

Pour ce qui concerne l'affaire du cambriolage, ça n'a pas fait un pli. Notre frère avait trop affiché ses dépenses et visiblement manipulé le comptable. Une fois confondu, il a été forcé de rendre son butin. Et donc de balancer ses complices receleurs. Tout ça est retombé en escalier sur ma pomme. Ben oui, à un moment, fallait bien avouer où se trouvait la bourse manquante de la penderie. Mon cher trésor enseveli, où pas une pièce ne manquait. Et dont, en plus, je n'avais aucunement profité. C'était à pleurer.

Maman a annoncé une sanction exemplaire. Pire que les trempes de notre oncle Elmo. Pire que les punitions sadiques des précepteurs. Bien pire que les privations de sortie durables. Un châtiment que les coupables n'étaient pas près d'oublier. Bref, on allait sacrément morfler.

Le jour suivant, elle a fait part de sa décision. Un truc d'amour propre, façon western. Nous, les protagonistes de cette affaire scélérate, devions défiler tout l'après-midi dans le village. En affichant une pancarte individuelle précisant nos scandaleux méfaits. Moïse : « voleur de coffre-fort ». Les trois autres mousquetaires : « complice de voleur de coffre-fort ». Moi : « voleur de complice de voleur de coffre-fort ». La honte ? Pas du tout. On était hors saison et il n'y avait pas un chat dans notre patelin.

Les enfants n'oublient jamais

Même en saison estivale, le monde se faisait de plus en plus rare. L'hôtel « La Chartreuse » et le restaurant « Lou Tornoli » désemplissaient à vue d'œil. Pareil au parc d'attractions, en bas du village. Où le xylophone du restaurant ne vibrait plus, oubliées les sonorités de l'âge d'or *sixties*. Depuis le départ de notre père, la gestion des affaires était catastrophique. Des bruits couraient dans la région. Le domaine était au bord de la faillite. « La » Joséphine, n'écoutant personne, se verrait ruinée à ce train-là. Ce fut le temps des indélicatesses, les rats quittaient le navire. Factures gonflées, employés filant avec la caisse ou le matériel. Amis du *show-biz* et notables du coin aux abonnés absents.

Maman courant le cachet aux quatre coins de la planète pour subvenir aux frais, seul un carré de fidèles tenait encore la baraque.

Oncle Elmo et tante Margaret, bien sûr. Mais aussi M. Dirand, le régisseur aux oreilles en chou-fleur et aux touffes de poils qui en sourdaient. M. Trijoulet, le vieux comptable. Mme Pisaine à la boutique de souvenirs…

Des gens simples, dévoués à la cause des Milandes, village de la fraternité universelle. Au point de proposer, la crise s'accentuant, une réduction de salaire importante.

Par souci de nous préserver, personne ne nous tenait au courant des faits. L'insouciance régnait, la situation empirait. Une sorte de décadence et d'agonie sur fond de chefs-d'œuvre musicaux qu'on écoutait en boucle. Le psychédélique *Days of Pearly Spencer* de David Mc Williams. Le mélancolique *Eleonor Rigby* des Beatles. Le romantique *Whiter Shade of Pale* des Procol Harum. L'orientalisant *Paint it Black* des Rolling Stones, avec le gesticulant Mick « the mouth » Jagger. Et surtout Brian Jones, son luth arabe, son expression neutre, sa coupe au bol et son col Mao. Du coup, on voulait porter, nous aussi, la même veste que lui. Ou que celles des Beatles sur la pochette du disque *Sergent Peppers Lonely Hearts Club Band.*

Maman nous rapportait ces disques fabuleux de ses voyages. Dans les aéroports, elle demandait aux employés des boutiques ce qui était à la mode. Dans le vent. Pop. Le dernier album de Creedence Clearwater Revival ? Pas de questions. Elle prenait.

Si elle avait su qu'elle nous livrait les textes rebelles et subversifs de nombreux groupes, à l'image de Jimmy Hendrix Experience ou du Jefferson Airplane, prônant la consommation de LSD ou de sexe à tout va, ses cheveux se seraient dressés sur la tête façon Bowie dans *Ziggy Stardust.*

En attendant, elle a offert des costumes col Mao aux aînés. C'étaient des sapes très classe, en lin de couleur noire. Le style. Et pourtant, nous apprenions par la bande que, en gros, l'argent faisait défaut. Que nous devenions des gens modestes, comme nos camarades d'Aubervilliers ou de Marseille. Bref, des pauvres.

En réalité, dans le fond, on s'en fichait. L'avantage d'une famille nombreuse, c'est son effervescence permanente. L'énergie de groupe de la confrérie. De l'équipe, en somme. Pas le temps ou l'occasion, entre douze jeunes gens, de gamberger. Le premier signe extérieur de faiblesse s'est dessiné en forme de cœur brisé. Par le biais d'une panne physique. Maman a été victime d'un infarctus du myocarde. Les adultes, secoués, déstabilisés, nous ont caché un temps la gravité de son état. Il nous fallait être sages et ne pas nous inquiéter. Mais lorsque le docteur a permis que nous lui rendions visite dans sa chambre, il n'était pas difficile de réaliser que Maman était bien plus que « fatiguée ». Elle paraissait très faible, les yeux pareils à ces plumes de paon qu'on ramassait dans le parc. Au bord de l'agonie. Sa mère, Carrie McDonald, mourante, s'était trouvée dans le même état quelques années auparavant. Nous étions passés à tour de rôle saluer notre grand-mère alitée, la veille de son décès. Sans trop réaliser. Mais là…

Malgré tout, Maman a conservé un pauvre sourire lorsqu'elle nous a vus réunis pour la réconforter. Certains soirs passés, c'est dans cette pièce qu'elle avait dérogé aux habitudes en notre compagnie. Ce soir, pas de télé, elle allait nous conter elle-même des histoires et nous apprendre des notions d'anglais. Assis en arc de cercle autour de son lit à baldaquin, on l'entourait et on l'écoutait avec ferveur. C'était chouette, chaleureux. Nos matelas respectifs réquisitionnés et disposés à même les tapis ou le parquet. Car dans ces occasions-là, on passait la nuit tel un clan groupé jusque dans le sommeil.

Dans notre grand salon de télévision, ont également été organisés des *shows* de variété. Et ces fois-là, les rôles étaient inversés. À ton tour, Maman, de faire le public et à nous de devenir des vedettes de la chanson.

À la suite de vagues répétitions, d'une mise en scène plutôt lâche et de maquillages quelque peu farfelus, notre représentation pouvait débuter.

Maman, installée en silence sur un canapé, jouait le jeu de la spectatrice lambda. À elle seule, elle formait l'auditoire. Une fois, si je me souviens bien, Jari a fait le présentateur. Il s'en sortait bien, le bougre, maniant le micro et son fil (en réalité, un sèche-cheveux portatif) avec aisance et animant ses présentations sans se planter. Maman applaudissait.

Une des chambrettes attenantes au salon servait de loge et de coulisses artistiques. La scène, imaginaire, s'étendait tout le long d'un grand tapis en peau de vache installé devant le téléviseur.

On chantait en play-back, soutenus par un tourne-disque et des 45-tours disposés à tour de rôle par notre Monsieur Loyal.

Le premier à se produire a été Luis. Il interprétait une chanson de Pascal Danel, « Les Neiges du Kilimandjaro ». Une catastrophe. D'abord, le disque était rayé. Ensuite, sa tenue confinait au ridicule. Une de ces culottes tyroliennes que notre mère nous forçait à porter de temps à autre. Et pire, il n'était pas du tout synchrone avec le version enregistrée. Maman a applaudi bien fort.

Moi, je suis passé en cinquième position. Guère moins comique que mon frère dans ma tenue de vengeur masqué. C'est le morceau de Henri Salvador, « Zorro est arrivé », que j'eusse dû interpréter. Mais non, petit couillon et improbable Joe Dassin, j'ai ânonné les yeux au plafond (mais sans me tromper) sa « Ballade des Dalton ». Cela, tout en me déhanchant péniblement. Nul. Maman a cependant applaudi bien fort.

Ce soir-là, le seul qui avait tiré son épingle du jeu fut Jean-Claude, dans sa prestation de crooner américain. Sinatra, il me semble. Koffi était pas mal non plus, faut dire, en danseur souple et cadencé. Mais, vu son type, était-il raisonnablement crédible en Clo-Clo virevoltant ?

Le deuxième avertissement est survenu quelques mois plus tard. Entre-temps, Maman avait récupéré. Méconnaissable, rajeunie et débordante d'énergie, elle animait un show de variétés à la télé. « Le Palmarès de la chanson », une émission grand public de Guy Lux.

Tout s'était bien passé sauf que, par la suite, une intervention concernant ce programme nous a interpellés. Il s'agissait d'un appel. Pressant. Émanant de Brigitte Bardot. Bardot, l'éclatante vedette, la chanson de Dario Moreno. Bardot la chevelure, la nature, la joie de vivre des années 60. Le hic, cette fois, c'est qu'elle apparaissait dans le poste télé avec gravité. Elle s'adressait au public, à tous les Français. Elle disait qu'il fallait aider Maman. Acheter le disque blanc enregistré en public à l'Olympia et mis en avant lors de l'émission de Guy Lux. « Faites un geste pour Joséphine Baker et son village du monde. Sous peine de la voir ruinée. »

Maman a été surprise et émue par l'intervention de BB. Bien qu'ayant en commun le milieu artistique et leur amour commun des animaux, ces deux idoles internationales ne s'étaient jamais croisées. Selon toute logique, l'actrice sex-symbol n° 1 devait être sensible à l'actualité et à la personnalité de son aînée.

Cependant, ce geste du cœur associé aux paroles compatissantes de M. Guy Lux durant l'émission nous indiquaient au moins deux choses. En un binôme assez inquiétant, d'ailleurs. Un : au plan financier, la crise se précisait. Deux : jusque-là, aucun proche du *show-biz* ne s'était manifesté.

Papa est revenu. Quelque temps. Pour sauver ce qui pouvait l'être. Notre mère allait-elle le suivre, écouter ses conseils ? Tout ça n'était pas gagné, avec son caractère entier. Et sa foi en Dieu, qu'elle priait à sa façon, loin de toute bigoterie. Ça arrivait lorsqu'elle en éprouvait le besoin. Que ce soit dans une église, un jardin ou un couloir. Et même sur la scène, des fois. Mais, bien sûr, en dépit de tout rationalisme.

D'abord, elle a refusé une offre de la dernière chance. Gilbert Trigano proposait d'éponger les dettes contractées et de lui laisser le domaine en usufruit sa vie durant. Ensuite, bien sûr, un Club Med serait créé sur les infrastructures existantes. *A priori,* elle n'avait pas le choix. C'était ça ou la porte. Il fallait être raisonnable. Le disque blanc avait fait un score honorable mais pas suffisant. Ne pas oublier que Maman devait ses succès bien plus à la scène qu'aux enregistrements. Réponse au concepteur des loisirs révolutionnaires : jamais de la vie ! Et mes enfants… que deviendront-ils après ma disparition ? Et mon concept personnel, de capitale universelle, vous en ferez quoi ?

Les premières cases pour étudiants français et étrangers, construites non loin du parc d'attractions, sont restées au stade de la finition. Gelées, figées par l'état critique de la situation.

Maintenant, faute d'employés, il fallait se retrousser les manches. Au sens propre. Pour mériter notre argent de poche, mes frères et moi étions invités à entretenir nous-mêmes les jardins de la propriété. Maman disait qu'à notre âge, ce serait une expérience formatrice.

Bêcher, désherber, ratisser : moi, je trouvais ça pénible, inintéressant et fatigant. Je n'étais pas un manuel, un quelconque *homo faber.* Après tout, j'avais été reçu premier de mon département au certificat d'études. Une moyenne de 18,5 sur 20, garnie des félicitations unanimes du jury. Maman, toute fière, présentait à ses plus rares visiteurs ce résultat scolaire exceptionnel. Qui, en ce qui me concerne, allait par la suite le rester.

Papa est reparti. Son plan de gestion et ses avis n'étaient pas suivis d'effets. Des commentaires ont fusé. Comme quoi notre père avait eu raison de s'en aller. En somme, il n'était pas M. Baker. Ni un prince consort. De méchantes langues ajoutant que Maman, par son intransigeance et ses lubies, s'était mise tout le monde à dos, y compris son propre mari. Dorénavant absent.

Il est vrai que dans le coin, cette châtelaine ni conforme, ni blanche, ni française de souche, en faisait tiquer quelques-un(e)s.

En adjudication, la propriété, morcelée, a été bradée au dixième de son prix d'achat. La curée, c'était. La foire aux Baker et aux voleurs. Des acquéreurs s'étaient entendus pour se diviser les lots sans surenchère respective. Ben voyons. La bonne ville de Sarlat-La Caneda était devenue, l'espace d'une vente aux enchères, une réunion de gangsters. Chicago-sur-Dordogne.

Au début du mois de mai, quand deux vampires de châteaux, père et fils, se sont pointés pour exiger que nous déguerpissions sans délai, ils ont été reçus au lance-pierres. Moïse les harcelait de graviers mastoc, perché entre les douves. Mara, avec son arc indien, les a pris à revers de ses flèches taillées au bambou.

Les types, scandalisés, ont battu en retraite vers le portail d'entrée de l'enceinte. Tonton Elmo leur a demandé d'en franchir le seuil. À l'extérieur et sans faire d'histoires. Ajoutant que ces messieurs n'étaient pas encore possesseurs des lieux. Maman, de nouveau absente, avait peu avant demandé l'annulation de la vente. Était-ce bien clair ?

En face, le duo rechignait et trépignait de son bon droit. Ça a failli dégénérer, en venir aux mains entre le jeune homme et mon oncle. Là-dessus, M. Boabès a surgi. Il est intervenu façon FLN en guerre.

Devant ses menaces d'égorgement imminent du blanc-bec, ce dernier a suivi le conseil de son père l'exhortant à venir le rejoindre sur la chaussée. Tonton et Boabès ont ensuite refermé le portail sur leurs aboiements vindicatifs. Et encore, pardon pour les chiens…

Notre mère gagnait du temps et se démenait sur tous les fronts. En vain. C'était foutu.

On a dit adieu à notre enfance en arrachant et en balançant par-dessus le muret, notre chère cabane au fond du parc. Elle a dévalé la pente abrupte en se déstructurant au fur et à mesure. Adieu, cher abri de notre imaginaire, de nos goûters d'enfance. Notre fin est devenue la tienne et le passé nous liera à jamais. Adieu aussi au parc, aux frondaisons, allées, statues, adieu le cimetière des animaux… souvenirs, vous deviendrez. Fantômes nostalgiques dans les couloirs de la mémoire.

Et maintenant, perdu pour perdu, si on cassait tout dans le château ? les vitres ? ou la salle de billard ? et le petit salon arabe ? la grande et la petite salles à manger ? la chambre des fantômes ? le salon doré ?… Toutes ces pièces ornées de boiseries, de lambris, tapissées de tentures, décorées de tableaux témoins de nos cris, de notre histoire, de toutes ces vies qui s'effacent inexorablement. Et les salles de bains, aux revêtements d'or et de marbre, si on les saccageait ? Si on brûlait les encyclopédies et les *Historia* de la bibliothèque en un feu de joie amer et inoubliable ?

Finalement, rien n'a été détruit, brûlé ou vandalisé. Nous avons gravé nos prénoms et une date sur la façade de la tourelle située sur l'aile ouest, au dernier étage.

Des signes creusés dans la pierre, qui resteraient à vie. Eux.

La veille de notre départ, M. Rey a fait un discours lors du repas. C'était un vieil et digne ami de notre mère, époque Occupation-services secrets et, à ce titre, il occupait sa place en son absence.

Il avait une haute idée de l'humanité et de ses valeurs morales. Nous ne devions jamais oublier. Tout ce que ce lieu avait représenté, et pour lequel Maman se battait en ce moment même loin de nous, devait rester là. Il a indiqué du doigt la place du cœur. Son crâne dégarni s'est affaissé et il a contenu quelques larmes. Marianne, notre cousine Rama et Jari pleuraient également.

Personnellement, j'étais partagé entre des sentiments contradictoires et immatures. Sûr que partir des Milandes pouvait rendre mélancolique. D'un autre côté, notre destination future me semblait fort attirante. Paris restos, Paris cadeaux, Paris cinoches… tous les ans, fin novembre, on venait y faire nos emplettes de Noël. Et pour un gamin friand de nouveauté, s'y installer n'avait rien de dramatique. Bien au contraire.

Maman, elle, y a cru jusqu'au bout. Même après notre départ pour la capitale. Elle est revenue défendre seule son château et s'y est cramponnée envers et contre tout. Jusqu'à son éviction *manu militari* par des videurs payés par les nouveaux propriétaires. Des photos de cette journée pathétique ont été publiées à la une des journaux. Annonçant qu'une nouvelle crise cardiaque venait de la frapper.

Elle avait toujours pensé que les problèmes s'arrangeraient. Que Dieu ne permettrait pas un malheur pareil. Que de Gaulle ferait annuler cette sordide vente aux enchères. De Gaulle, l'exemple. Celui qui l'avait appréciée, félicitée à Alger, décorée… mais le président de la République était injoignable durant cette période cruciale. Il ne pouvait rien pour sa « chère Joséphine ». On le disait absent, impuissant. Pas le moment. Pas le moment du tout. *Because* un brûlant mois de mai. Millésimé 68.

* * *

Deuxième partie

Paris (1968-1969)

Premier trimestre

Je suis le dauphin de la place Dauphine
Et la place Blanche a mauvaise mine
Il est cinq heures... Paris s'éveille...

Le tube de Jacques Dutronc, diffusé en boucle sur les antennes de radio, était devenu le petit chef-d'œuvre de la variété française. Il me réconciliait avec ce genre, alliant mélodie, humour, poésie. Et réalisme aussi.

Lorsque nous avons débarqué du train de nuit, sur un quai de la gare d'Austerlitz, la sensation de cette chanson sculptée sur le zinc et les toits d'ardoise m'a littéralement imprégné. L'aube se levait. La ville lumière s'ébrouait, avant d'intensifier sa circulation automobile et d'activer une vrombissante ruche humaine.

Les premiers banlieusards circulaient vers des plates-formes métropolitaines bientôt grouillantes de monde, croisant toutes sortes d'employés ou de personnes affairées à la station ferroviaire. Cheminots, vendeurs de journaux, taxis, garçons de café, un ensemble de gens à la fois hétérogène et complémentaire. Un type en blazer faisait les cent pas en parlant tout seul : ça, chez nous, on ne voyait pas.

Au buffet, on a commandé des croissants en prenant notre petit déjeuner. Ils étaient délicieusement baths. Chauds, croustillants, idéalement parisiens.

À une table voisine, un autre spectacle citadin m'a particulièrement frappé. Un couple d'amoureux s'échangeait des mamours. Parfois, le jeune homme embrassait sa compagne à pleine bouche. Alors ça, dans le Périgord, tu ne voyais jamais. Encore moins si le monsieur était un Noir. Et, présentement, tel était le cas. La jeune femme blanche souriait à son amant, lui prenait les mains, les baisait même. Ici, ça semblait ne choquer personne. Ni dater des événements libertaires récents. Non, c'était Paris, quoi… tout simplement. Nous souhaitant bienvenue. Et nombre de changements.

On s'est installés à Saint-Germain. En Laye, je précise. La maison était coquette, suffisamment spacieuse pour loger toute notre smala, et bordée d'un grand jardin pentu. Un endroit calme, au vert, avec vue sur la Seine en contrebas. Détail secondaire : le lieu était déjà occupé. Par sa propriétaire, tout bonnement. Une dame d'âge mûr, au caractère sans grand relief, cohabitant placidement avec nous dans cette pension de famille inversée. Bref, tout était normal. Maman ne se trouvait pas avec nous dans les Yvelines. Soignée et reposée de sa deuxième attaque cardiaque, elle avait repris récitals et tournées. Une vraie pile survitaminée pour une femme de son âge. Pas le genre à se mettre en retraite. Sans parler de son besoin de fonds permanent.

Notre sœur Marianne a été scolarisée à la Légion d'honneur, un pensionnat de jeunes filles n'acceptant en son sein que la progéniture de gens médaillés de son ordre. Bref, pas la joie. Ordre moral, éducation bien sous tous rapports. Locaux et parcs dignes de l'empereur Napoléon, leur créateur. Absence de minijupe au profit de tenues bleu marine, socquettes longues et uniformes.

Nous les garçons, pas mieux lotis. Pensionnaires également, chez les frères jésuites de Saint-Nicolas d'Issy-les-Moulineaux. Un truc pas mixte. Avec prières à tout bout de champ, curetons à tronches médiévales, colles ou punitions permanentes. Et tartes magistrales en option. En plus, mains baladeuses et anonymes dans la pénombre du dortoir. Prof, pion, élève ?... Va savoir.

Nous repoussions fermement cette présence malveillante. Et chaque fois l'inquiétante silhouette disparaissait aussi vite qu'elle était apparue. Comme un personnage de film noir.

Le week-end, on retournait à Saint-Germain. Le samedi après-midi était consacré à taper dans le ballon au fond du jardin. De magnifiques châtaigniers servaient de poteaux de but sous le soleil déclinant de l'automne. Moments agréables. Le lundi était loin.

Parfois, nous nous rendions à la piscine de Chatou. Dix minutes à peine en RER. Les gamins s'y amusaient comme des fous en faisant les bombes navales et des plongeons au centre de grosses bouées. Il régnait là une atmosphère particulière aux bassins de jeux. Les cris et les rires des enfants, l'odeur pénétrante du chlore, les maîtres nageurs circulant ou donnant de la voix perchés sur des promontoires. Et la buée qui suinte le long de la baie vitrée. La fermeture nous indiquait le moment de revenir dîner à la pension.

Le lundi matin était moche comme tout. Prendre le RER puis le métro à 7 heures du matin, parmi des visages las, au son crissant des rames, et une correspondance bondée à Opéra. Descendre à la station Corentin Celton. Un patronyme déprimant. Avec la perspective de passer la semaine entière dans cette taule dévouée aux inquisiteurs. En blouse grise la semaine et tenue de fanfare pour les sorties. Sans la moindre nana à l'horizon… tout ça, en pleine révolution des mœurs.

Une fois le seuil du collège franchi, on s'y fait, remarquez.

Un samedi, en baguenaudant en ville, je remarque un sigle et le siège d'une association au détour d'une rue. L.I.C.R.A : Ligue internationale contre le racisme et l'antisémitisme. Maman nous en a parlé. Elle y a donné pas mal de conférences avec pas mal d'exemples de comportements méprisables ou, au contraire, imprudents à la clef. Des faits précis, pratiques, relatifs à des idées théoriques.

Le cas de son ex-mari, Jean Lion, play-boy épousé à Crèvecœur-le-Grand dans l'Oise et industriel versé dans la confiserie durant les années 30, était symptomatique des dérives fascisantes de l'époque. Un *businessman* brillant, séduisant, arrogant, fondateur des fameux bonbons « La pie qui chante », ayant cependant été dans l'obligation de gommer son patronyme de Levy pour raisons commerciales. Dans une France par trop « enjuivée » aux yeux de certains, il avait paré au plus pressé. À l'heure de l'invasion hitlérienne de 1940, sa situation ainsi que celle de sa famille étaient soudain passées au stade de la survie. Maman s'est chargée de leur fuite à l'étranger en les faisant transiter par le château de Milandes, en zone libre, puis par le Portugal. Leçon de choses première, d'après Maman : en cas de pandémie d'intolérance, ne jamais laisser cette crasse mentale salir votre habitation ou votre esprit. Bien vu. L'entrée de l'immeuble en question était justement en pleine rénovation.

Maman n'était pas une femme économe. Lorsqu'elle revenait de ses voyages, elle dépensait une partie de ses cachets à nous sortir et nous habiller.

Vers la fin du premier trimestre, à l'approche des fêtes de fin d'année, ça n'a pas loupé. À nous les cinémas, les restaurants, les magasins. On a investi les Galeries Lafayette deux jours durant. Tout comme pour nos venues précédentes, un cadre du personnel et deux vendeurs nous étaient détachés par la direction. Vu le nombre de gamins, les achats de cadeaux et les essais de vêtements furent interminables. Pour nous, aussi gratifiants qu'épuisants. Les employés faisaient bonne figure, malgré tout. Les pauvres.

Comme d'habitude, des gens reconnaissaient notre mère et s'extasiaient sur la diversité de nos origines. Ah! le petit Indien… Oh! le Scandinave tout blond… Et lui, le Chinois, à côté… Et là, regarde, un Africain noir… À croire qu'ils assistaient à un feu d'artifice.

À la sortie, boulevard Haussmann, Maman en a rajouté une couche. La gêne, elle ne connaissait pas. Elle se devait à son public, elle disait. Tombant en arrêt devant un landau et se pâmant sur un nourrisson geignard. Complimentant puis questionnant la mère et, sous les braillements du bébé, se mettant en tête de le consoler. Une attitude courante chez elle. Mais là, le long des grands magasins, sous les enluminures de guirlandes clignotantes et de boules multi facettes… le bout de chou vagissant dans ses bras… la foule de curieux l'encerclant peu à peu… nous désignant idem qu'au Jardin des Plantes… enfin, nous… pas moi. Ni Jean-Claude. Après un regard complice, nous avions pris discrètement nos distances sur le trottoir. Vivement qu'on soit de retour, tranquilles, à la maison.

Deuxième trimestre

À la Villette, on tranche le lard
Les boulangers font des bâtards
Il est cinq heures…

Au mois de janvier, on avait quitté Saint-Germain-en-Laye pour je ne sais quelle raison. Notre nouvelle habitation se trouvait dans Paris *intra-muros*, près de l'Opéra. Détail secondaire : il s'agissait d'un hôtel. Un endroit luxueux, le Scribe. Tout était normal.

Le week-end donc, me voilà client régulier occupant une chambre au troisième étage, croisant et saluant de façon distinguée des huiles et toutes sortes de gens fortunés dans le hall alors qu'une heure auparavant, à la station Solférino, j'ai eu maille à partir avec des contrôleurs de la RATP.

Tout près du Scribe, la famille au grand complet allait se sustenter au Café de la Paix. Un lieu à l'ancienne, chic, ampoulé, au service impeccable. Cependant, vous m'en direz des nouvelles après avoir jeté un œil à l'addition. Aujourd'hui encore. Ayant réalisé que ces repas de groupe coûtaient une fortune à Maman, on lui a proposé de voter entre cet établissement dispendieux et celui aux néons clignotants situé en face. Un self-service. Lieu tout simple, pas cher du tout, et vachement ludique pour des petits gars venus de leur campagne. Les plateaux à faire glisser le long du présentoir, les variétés de boissons, plats et desserts, le choix exclusif et personnel, tout ça était emballant. Enfin, la cuisine nous paraissait très acceptable. On a élu cet endroit à l'unanimité. Maman pouvait souffler. Jean-Claude, dandy et fine gueule, précisant en *off* et avec une pointe de dédain que le steak haché de cette sympathique gargote ne pouvait se comparer avec celui du prestigieux café.

Durant ce trimestre, on est passé du Scribe à l'hôtel voisin. Le Grand Hôtel. Même catégorie, même service. Pourquoi ce changement ? Mystère. Nous n'étions pas mis au courant des accords et tarifs appliqués à notre mère par la gérance de ces établissements, mais vu son actualité publique, il est à supposer qu'on devait lui accorder un prix. De groupe.

Au pensionnat, je faisais partie de la fanfare de la classe de cinquième. Enfin, j'allais pouvoir faire de la musique sans que Maman y mette son grain de sel. Sauf qu'on n'y jouait ni du piano ni de la guitare. Et encore moins de la batterie *hard-rock*. Notre chef d'orchestre, le prof de maths, m'a collé un alto dans les bras. Une sorte de petit tuba informe émettant des sonorités voisines du pet. Pour la motivation, ce n'était pas gagné.

Mon grand-père paternel, mon père et ses deux frères, tous quatre reçus premiers prix de violon au Conservatoire national supérieur de musique, avaient placé la barre à une hauteur respectable. À Montpellier, leur ville de naissance, une plaque apposée sur la résidence familiale des Bouillon indique toujours ce rarissime phénomène artistique.

Il ne fallait pas se faire d'illusions quant au rêve d'appartenir à cette lignée. De plus, notre prof de maths, quadra mélomane et autoritaire, nous faisait répéter des marches militaires datant de la Grande Armée napoléonienne. En vue d'un défilé de fin d'année, quelque part en Normandie.

Lorsque ce dernier repérait un élément du groupe aux notes dissonantes, il le virait *manu militari.* Une fois, il a soulevé sans ménagement et par les oreilles un des joueurs de cor manifestement peu doué. Ça a duré un bon moment, bien haut, sous les plaintes du malheureux et les éructations du maître comme quoi on ne plaisantait pas avec les instruments de musique. Allez ! Fiche-moi le camp d'ici… Non mais sans blague…

Nous les altos, planqués à l'arrière, on bullait. Tranquilles. Jusqu'au jour où notre conducteur a stoppé net un enchaînement. Il y avait comme un doute dans son expression. Derrière des lunettes sans monture, son regard bleu délavé a parcouru les derniers rangs.

Il s'est approché de mon voisin altiste, un pli vertical au coin des lèvres.

« Fais-moi un do, qu'il a sifflé.

— Un… do ?

— Oui.

— Mineur, m'sieur ?

— Mineur, oui. »

Le prof avait les bras croisés. Mauvais signe. Dès que la note est sortie, poussive, il les a dégagés pour mettre une dérouillée à mon camarade. Dans ces cas-là, fallait protéger sa tête avec les coudes. L'élève, sous la pluie de coups, s'est servi de son instrument. La scène de cette trempe est devenue tordante tout à coup. Je n'ai pu réprimer un rire continu, inextinguible. Un truc que je ne pouvais maîtriser. Mal m'en a pris. J'ai été également corrigé, flanqué dehors et prié de regagner l'étude. Ce n'était pas parce que j'étais le fils d'une vedette musicale qu'il ne fallait pas respecter la fanfare. *Dixit* le prof. Je ne voyais pas le rapport. Je voyais seulement que, Mai 68 ou pas, sévices et autre curiosités de notre éducation religieuse passaient sous silence général. Je voyais également se refermer la porte d'entrée de la musique, cette muse adorée. Adieu au défilé en Normandie. Bye-bye compositions et mélodies pour moi et les autres frangins. Maman pouvait dormir sur ses deux oreilles, elle pour qui l'engagement artistique était par trop aléatoire. « J'ai eu de la chance, disait-elle pour résumer son succès, j'ai été soutenue par de bonnes jambes… »

Son passé artistique, à propos. C'était sous les combles d'une tourelle du château qu'elle l'avait entreposé dans les années 50. Accessoires, costumes de scène, coiffes et boas en strass pendus autour de malles imposantes et poussiéreuses. Une enveloppante odeur de passé flottait dans la pièce, invite à une plongée vertigineuse dans le souvenir.

Instants définitivement perdus et pourtant si présents grâce aux anciennes photographies écornées. Des gens radieux, inconnus ou célèbres. Des lieux festifs. Des répétitions et des spectacles de danse ou de burlesque. Des coulisses lumineuses et enfiévrées. Et puis, d'un jour ou de toujours, les amis. Les amours. Georges Simenon, en 1927, sourire introverti et regard ambigu. Jeune homme de 23 ans, secrétaire et amant posant aux côtés de la Vénus d'ébène, sa cadette de trois ans. Union volcanique entre deux séducteurs rayonnants et infidèles, soldée par la fuite du futur romancier en 1929. D'après ses dires de l'époque, il ressortait qu'il n'avait pas tenu à être dévoré tout cru par cette tigresse de Joséphine. Comme tant d'autres mâles imprudents.

Jean Cocteau et des convives surexcités au restaurant « Chez Joséphine », rue Fontaine, non loin de Pigalle. Paul Derval, directeur artistique, indiquant à des *girls* la mise en scène de sa revue des Folies-Bergère. Maman et Man Ray : clichés autoportraits du duo face à un miroir. Puis, dans la même série, avec son guépard, Cheeta. Photos de plateau sur le tournage de *Fausse Alerte* avec une

Micheline Presle toute jeunette. Séquences mélo avec Jean Gabin dans le film *Zouzou.*

Soirée caritative en compagnie d'un brelan de reines pétillantes du cinéma français : Danielle Darrieux, Simone Signoret, Michèle Morgan, encadrant un Jean Marais à la prestance naturelle.

Documents plus récents filmés à l'ABC et dans d'autres salles parisiennes. Dont une image figeant la dame en noir, Barbara, Georges Brassens et Maman à une première. Celle de Jacques Brel, *a priori.* Ce dernier apparaissant également aux Milandes, pour l'ouverture de la Guinguette, je suppose… avec cette expression d'éternel rêveur donquichottesque. Toujours au domaine, Adamo, avant l'enregistrement de sa chanson, « Un Noël aux Milandes ». Tiens ! Léo Ferré jeune, cheveux courts et idées longues, en première partie d'un récital de notre mère… aucun rapport entre eux, de prime abord, mais bon !

Et aussi toute une flopée de documents représentant Michel Simon. Un vieil ami, un complice. Maman appréciait le génial artiste dramatique mais bien plus encore l'homme et son caractère entier. Boudu le lui rendait bien.

Bien qu'un peu cochon et très « porté sur la question » d'après ses dires amusés, elle lui trouvait une sincérité et une sensibilité singulières.

Que son physique ne fût pas très avantageux ou qu'il eût fréquenté la pègre et les prostituées ne faisait qu'encourager tendresse et bienveillance à son égard. Elle chérissait cet homme depuis qu'elle l'avait connu au cabaret, avant-guerre, et affirmait qu'il représentait ce que le monde du spectacle proposait comme formidables rencontres.

Troisième trimestre

La tour Eiffel a froid aux pieds
L'Arc de Triomphe est ranimé
Il est cinq heures…

Finie, la période des hôtels. Maman avait encore dû s'arranger car on a emménagé dans un appartement de plusieurs pièces. Et pas n'importe où, une des avenues de l'Étoile. Mac Mahon, côté XVIIe arrondissement, à deux pas des Champs-Élysées. Pour une déshérence, on a vu pire. Il me semblait que, depuis quelque temps, notre destin épousait une ligne parallèle au destin du pays. Après de fortes turbulences, son cours tendait à se stabiliser.

Au niveau chambres d'habitation, sûr qu'on n'égalait pas le château et qu'il fallait se répartir par duos et trios. Mais l'immeuble et le quartier étaient chouettes. Ils plaisaient à notre mère. Peut-être aussi était-elle assaillie de souvenirs de lieux tout proches comme le Théâtre des Champs-Élysées, où elle avait débuté à l'âge de 19 ans dans la « Revue nègre », ou « Le Bœuf sur le Toit », fameux restaurant musical fréquenté par les vedettes d'avant et d'après-guerre. Et cette plus belle avenue du monde où elle avait participé au contre-défilé de soutien au gouvernement, l'année précédente, avec notre frère aîné Akio et tous les jeunes gaullistes. Faisant des doigts un V de la victoire contre la « chienlit » générale.

Pas très progressiste, Maman. Mais fidèle à la figure tutélaire de la Résistance, le Général, cet homme qui s'était opposé au vichysme et avait lavé l'honneur de la France occupée. Un pays qui l'avait accueillie à bras ouverts depuis les « Années folles » et que son président avait su unifier et réinventer jusqu'à cette récente période de violentes contestations déstabilisatrices. Elle avait donc répondu présent, comme en 1943 à Alger où, après avoir été ambassadrice et instrument de propagande du grand homme, elle s'était engagée dans les troupes féminines auxiliaires de l'armée de l'air.

Deux ans plus tard, dans le décorum de l'École militaire, ce dernier l'avait remerciée pour son courage, son dévouement et son soutien au peuple français. À la fin de son discours, il avait également affirmé que c'était avec fierté et de tout cœur qu'il allait lui remettre la Croix de Guerre avec palmes et la Médaille de la Résistance.

Maman, au garde-à-vous, était très émue. Plus tard, elle avait également reçu les insignes de la Légion d'honneur pour l'exemple qu'elle avait donné dans sa vie. Mais en réalité, la décoration qu'elle conservait le plus précieusement était une petite Croix de Lorraine en or que de

Gaulle lui avait offerte à Alger durant le conflit. Cet objet symbolisait son attachement et ses valeurs communes avec les Forces Françaises Libres.

Les Champs-Élysées, pour nous les jeunes, ça voulait dire d'abord et avant tout un plaisir ineffable. Aller au cinéma. Une fois, deux fois, trois fois par week-end. Les salles pullulaient dans le coin et offraient un choix de films abondant. Aventures, western, policier, historique… on se régalait.

Lord Jim, La Charge de la brigade légère, La Conquête de l'Ouest, Krakatoa, à l'est de Java, des séances d'évasion fabuleuses. D'émotion aussi. Pour *Roméo et Juliette,* Maman et Marianne ont pleuré à la fin, en public. Comme de vraies femmelettes. *West Side Story* racontait la même histoire transposée à New York : elles ont remis ça. C'était pas possible. On se faisait encore et toujours remarquer. Déjà qu'en traversant les Champs le jour même, Maman avait arrêté la circulation bras et jambes tendus. Clamant à des automobilistes ahuris de l'écraser volontiers mais pas ses enfants…

Par la suite, il a fallu prétendre aller voir des films d'horreur pour éviter que notre mère et notre sœur ne nous collent au train. Elles n'aimaient pas ce genre de spectacle.

Nous sommes allés au théâtre également. Au Palais-Royal, voir Jean-Claude Brialy jouer dans une pièce de boulevard, *La Puce à l'oreille,* de Georges Feydeau. Sur scène, l'homme était vif et spirituel. Dans la vie, la même chose. Toujours à faire des blagues, des bons mots, ou à raconter toutes sortes d'anecdotes (parfois coquines), citations ou références. C'était la première fois qu'on le rencontrait et on aurait dit un parent de longue date.

Cet homme de spectacle, au fait des récentes difficultés de notre mère, était une des rares célébrités à lui être venues en aide. En lui proposant de l'associer à un cabaret spectacle à Montmartre baptisé « La Goulue ». Maman s'y produisait quotidiennement mais nous, « les enfants », n'étions pas en âge d'assister à ces soirées festives. Dommage, nous eussions été curieux de découvrir les lieux, l'ambiance et le comportement de notre mère en dehors du cercle familial. Bien plus tard, Jean-Claude Brialy m'a confié que, malgré son âge et sa santé, les soirées avec ma mère n'étaient pas tristes…

Sur scène, on avait vu Maman se produire à l'Olympia. Fait rarissime. En général, elle ne désirait pas nous inclure dans son univers artistique. Pareil à la maison où, en sa présence, vous ne deviez pas écouter ses disques. Elle ne supportait aucune forme de narcissisme personnel. En ce qui concerne l'Olympia, elle a donc fait exception. Parce que nous vivions en ville et nous rendions au récital en matinée. Sinon…

Dans les revues des Folies-Bergère ou du Casino de Paris, Maman était toujours entourée de *boys* et de danseuses. Là, excepté l'orchestre, elle se produisait seule sur cette scène parisienne mythique. Elle chantait ses succès passés : « J'ai deux amours », « La Petite Tonkinoise », « Brazil ». Elle parlait aussi. S'adressant au public, lui faisant des confidences, conseillant les femmes mariées présentes dans la salle, invitant quelqu'un à monter la rejoindre sur scène.

Cette fois-là, c'est tombé sur un monsieur hésitant et rougissant. Elle a insisté. Elle ne l'avait pas choisi au hasard. Charles Trénet en personne l'a rejointe sur le plateau pour danser un fox-trot, un madison empruntés. Ensuite, il a reçu un bisou sur le front sous les applaudissements du public.

Nous, assis au balcon, on découvrait une autre femme. Plutôt une autre féminité. Une artiste maquillée et costumée, aux coiffes extravagantes, faisant un numéro de charme à quelques milliers de personnes. Pas vraiment dans la ligne de son enseignement parental. Et puis ça faisait tout drôle de la voir admirée et encensée par son autre famille. Encore plus d'être, ô ! surprise, présentés par elle à son gigantesque auditoire. Via la régie et l'utilisation d'un spot balayant notre rangée. C'était bien Maman, ça. Des centaines de visages subitement braqués sur nous, des claquements de mains, des sifflets, des bravos. Son show était formidable, « terrible », d'accord. Sauf que nous, on ne savait plus où se mettre…

Troisième partie

Monaco (1969-1975)

Côté mer(e)

On était en juin 1969. L'année dernière, à la même époque, la famille s'était rendue aux États-Unis pour une circonstance dramatique. Tous les enfants Bouillon-Baker devaient quitter leurs cours en urgence, avait annoncé le surveillant général du collège. Le frère de John Kennedy, Bob, venait d'être assassiné en Californie et, sur ordre de Maman, nous devions regagner immédiatement notre foyer avant de nous rendre à ses obsèques à Washington.

L'occasion de saluer le clan de ce sénateur jusque-là promis à la présidence des USA. Jackie Kennedy, la veuve de John, lui-même abattu cinq ans auparavant, connaissait déjà notre mère bien avant ce drame. Leurs chemins s'étaient croisés lors d'un concert de Duke Ellington puis à diverses occasions culturelles.

Le jour des funérailles de Bob, toutes deux ont échangé des paroles de sympathie mutuelle et de réconfort concernant le destin tragique des deux frères et celui de la nation entière. Maman et Jackie Kennedy s'estimaient et se respectaient. À tel point que cette dernière organisa, bien des années plus tard, une soirée en hommage à notre mère au Metropolitan Opera House de New York.

Cette fois, en ce début d'été 69, une autre célébrité américaine venait de se manifester. Il s'agissait de la princesse Grace de Monaco. L'ex-jeune actrice Grace Kelly, présente lors du fameux scandale au Stork Club de Manhattan.

Elle n'avait pas oublié Joséphine Baker. Devenue altesse en principauté par son mariage avec le prince Rainier, cette figure altière et réservée invitait notre famille à passer deux semaines de vacances estivales à Monte-Carlo. Comparé au régime des frères jésuites, il n'y avait pas photo.

Adieu cours et prières fastidieux, consignes et principes moyenâgeux, et donc salut Côte d'Azur chérie à la lumière si vive.

Non sans d'abord faire un crochet d'un mois par l'Espagne. Barcelone en transit, et une paella d'enfer au restaurant à étages « Los Caracolès », puis Sitgès, station balnéaire voisine.

En Espagne, l'avantage de passer relativement inaperçus n'était pas négligeable. Maman s'y était produite à de nombreuses reprises mais sa célébrité restait confidentielle dans la péninsule ibérique. Les paysages traversés, eux, étaient conformes à l'idée que je m'en faisais par la lecture de Cervantès. Ou bien par ces noms évocateurs de provinces historiques : Aragon, Navarre, Castille. Pilar, la fille de Mme Amparo, devait se trouver non loin de cette rêverie, allongée nue à l'ombre d'une chambre à la croisée entrouverte, en ces lieux arides et magnifiquement solaires. Attendait-elle son picador 10 sur 10, gouttelettes de chaleur perlant sur son nez d'infante insatisfaite ? Allais-je partir à la conquête de sa toison pubienne, aussi fournie que ces collines d'oliviers à traverser dans un galop poussiéreux ? Pour y recevoir l'art voluptueux et jouissif de la Chupa Chups ibérique ? Demain, peut-être. Car présentement, je faisais face à deux duègnes peu permissives. Ma mère et ma tante. Sifflant au moyen d'une paille un Fanta, sorte de Pschit orange divinement gazeux et rafraîchissant.

Nous logions dans un village-club situé dans les terres, à une quinzaine de kilomètres des plages de Sitgès. Lorsqu'on ne s'y rendait pas pour se baigner, on pouvait profiter sur place d'une piscine olympique, de tables de ping-pong et de divers terrains de sport. On regardait aussi du foot à la télé. En Espagne, une vraie folie. Barcelone en bleu et grenat contre le castillan Real Madrid en tenue blanche immaculée. Un match échevelé, passionnel, dont le résultat final indiquait la ferveur : quatre buts partout.

Le programme suivant nous a moins passionnés. Sur l'écran noir et blanc est apparu le visage du général Franco. Le Caudillo développait un discours économique. Sa voix était neutre et monocorde. Son regard de glace n'exprimait aucune sympathie, aucun humour, et surtout ne trahissait aucune émotion. Un comble au pays du chorizo et de l'ardeur flamboyante. Même sa tenue exhalait la sclérose. On a coupé le poste.

Dans le temps, Maman avait connu un autre dictateur latin. L'argentin Juan Perôn. Lui et sa femme avaient appliqué une politique populiste qu'elle ne jugeait pas forcément critiquable. Elle nous disait que tous deux avaient relevé leur pays exsangue, à l'instar du Duce Mussolini avant-guerre. Du coup, elle s'était produite à diverses occasions devant le duo présidentiel et s'était rendue aux obsèques d'Evita, n'oubliant jamais de déposer une gerbe sur sa tombe lors de ses visites ultérieures en Argentine. Pas très complexes, ses coups de cœur ou analyses politiques, mais pragmatiques, à défaut d'être indiscutables. Seuls les résultats économiques combinés à la ferveur populaire expliquaient son admiration pour ce type de régimes.

D'ailleurs, où était-elle en ce moment ? Pas à notre nombreuse tablée, garnie de mets savoureux et d'huile d'olive de premier choix. Déjà loin, repartie vers des horizons clairs et prometteurs...

En août, on quitte l'Espagne, longeant la côte méditerranéenne jusqu'à notre destination princière : Monte-Carlo. Sur place, les autorités nous ont préparé un accueil de standing olympien. Nous logeons à L'Ermitage, un hôtel grand luxe proche du Casino. Chaque soir, nous dînons au Café de Paris, haut lieu des grandes fortunes locales et étrangères. Auparavant, la journée a été passée au Monte-Carlo Beach, sa plage, ses cabines et sa piscine privées. Baignades et jeux avec des garçons et filles de notre âge. Au buffet du restaurant, bavardage impromptu avec une de nos idoles : Jean-Paul Belmondo en personne, également en villégiature avec sa famille et qu'on a récemment admiré dans le film *Borsalino.*

Le cinéma en plein air, on s'y rend d'ailleurs tous les soirs car la programmation propose une variété de films de qualité. Lors de la diffusion d'*Isadora,* œuvre sur la vie de la danseuse Isadora Duncan, Maman ne tique pas. Pourtant, dans une séquence volontairement provocatrice, l'immense actrice Vanessa Redgrave s'y dénude la poitrine sur scène. Peut-être y fait-elle un parallèle quelconque avec le début de sa carrière. En tout cas, elle apprécie beaucoup cette évocation et le fait savoir à un groupe de spectateurs voisins. Parmi eux, pas n'importe qui. Encore une vedette qu'on adore : Francis Blanche, épatant de bonhomie et de flegme humoristique. Alors, les enfants, on a peur de dire bonjour à Papa Schultz… mmh ?

Dans de telles circonstances, avec le beau temps persistant, des vacances de rêve. Les jours défilent trop vite, bien sûr, mais vous ne le réalisez qu'à la fin du séjour. Entre-temps, nous sommes invités à un goûter au palais princier. Maman et la princesse Grace ont concocté ces agapes bilatérales et familiales lors de leurs entrevues précédentes.

Nous, on s'y pointe aussi décontractés que Bébel ou Francis Blanche en général. Dans un des salons à dorures, on discute foot avec le prince Albert et son papa, Rainier III, fervents supporters de l'AS Monaco *of course.* Et voyant leur équipe rivaliser prochainement avec les ténors que sont l'AS Saint-Étienne et l'Olympique de Marseille. Par diplomatie, j'évite de placer qu'ils ont un peu de chemin à faire. Dans une pièce attenante, Koffi, pas plus gêné qu'avec Castro par le passé, a proposé à Caroline de faire fonctionner un pick-up pour une démonstration de jerk. Celle-ci semble bluffée par les contorsions de mon frère. Quant à Stéphanie, fillette à la bouille craquante, elle nous propose un choix de pâtisseries fines. Elle est adorable. J'en dévore un bon quart.

Maman nous rejoint ensuite, suivie de la princesse Grace avec laquelle elle vient de s'entretenir. Deux Américaines célèbres et exilées. Sauf que, socialement parlant, pas nées sur la même rive. Enfant, Maman a assisté à des lynchages de Noirs à Saint-Louis. Ce traumatisme originel a dû guider sa conduite le restant de sa vie. Après l'incident du Stork Club où se trouvait la princesse, elle a applaudi Kennedy pour ses lois au Congrès américain proscrivant la ségrégation dans les lieux publics ou habilitant le ministère de la Justice à engager des poursuites contre tout opposant à l'intégration scolaire des minorités. À leur inscription sur les listes électorales. Pas un ange, ce président, mais le premier à enrayer le fléau du racisme dans son pays. Un homme blanc de la même société que Miss Kelly, à l'époque. Ma mère a probablement dû développer ce genre d'opinions avec la radieuse souveraine.

Cette dernière, détendue, observe l'animation générale de son regard clair et intense. Une dame posée, à l'élégance vestimentaire aussi subtile que naturelle, et qui dirige soudain sa blondeur anglo-saxonne dans ma direction. J'en déglutis aussi sec mon reste de fondant au chocolat.

— *Elle, avec une pointe d'ironie* : « Ils sont agréables, ces gâteaux ?

— Hem… délicieux.

— Je vois ça.

— D'ailleurs, merci encore pour cette réception, madame… enfin, Votre Altesse.

— Qui est l'aîné de la famille ?

— L'aîné ?… heu… l'aîné, c'est Akio… celui qui discute avec Albert… je veux dire, le prince Albert… votre fils…

— Je vais aller lui parler. Vous êtes de nombreux garçons et il faut que vous soyez tous sages avec votre mère.

— D'accord.

— C'est promis ?

— Promis, madame. Pardon… Votre Altesse.

— Ce n'est pas grave. »

Elle a tourné les talons sur un sourire entendu. Moi, je suis resté un instant scotché par cette présence irradiante. Cela dit, ça ne m'a pas empêché d'enfourner une autre pâtisserie. Pour la route.

Après la quinzaine monégasque, retour au club espagnol. Nous devions y séjourner jusqu'à notre rentrée scolaire parisienne. Et puis, le départ a été retardé. Une rumeur, propagée par notre tante Margaret, annonçait une nouvelle fracassante. Maman, accompagnée de notre sœur Marianne, était quelque part en France en pourparlers pour une nouvelle habitation. Une demeure ne se situant pas, comme prévu, aux environs de la capitale. C'était tout ce qu'elle savait. Les jours ont passé dans l'attente d'une confirmation de ce scoop. La rentrée scolaire était maintenant passée. En termes de vacances prolongées, c'était toujours ça de gagné.

Mais tout de même, notre famille était assez singulière. Elle seule occupait désormais ces lieux estivaux. À la piscine, on jouait à se déculotter les maillots de bain. Jean-Claude et moi, on visait le plus souvent notre cousine Rama. Elle portait un maillot à deux pièces émoustillant, protecteur d'un derrière somptueux.

La bizarrerie de notre situation s'est arrêtée sur un coup de fil reçu vers la mi-septembre. Maman et Marianne. Plus question de s'installer à Marly-le-Roy comme initialement prévu. Encore moins de frères jésuites. Il fallait préparer nos bagages au plus vite. Direction : principauté de Monaco. Pour nous, autant dire la destination idéale.

Villa Maryvonne

C'est le nom de notre nouvelle demeure. Pentue, située à hauteur de la moyenne corniche, elle domine un panorama splendide. Vue sur la mer en contrebas et la principauté à l'Ouest. Jardin en espalier sur les quatre côtés. Sauf qu'ici, on est en territoire français, plus précisément à Roquebrune-Cap Martin, commune frontalière avec Monte-Carlo. La princesse Grace, avec le concours de la Croix-Rouge monégasque et de personnes affidées, ont facilité à notre mère les conditions d'acquisition de cette résidence. Qu'elles en soient sincèrement remerciées.

Nous, les garçons, avons investi l'étage supérieur tandis que Maman et nos deux sœurs occupaient les chambres attenantes au living-room. Évidemment, notre grande famille allait vivre plus à l'étroit qu'au château des Milandes, mais bon! Nous ne boudions pas notre plaisir dans ce cadre plutôt enviable et enchanteur. Quant à cousine Rama et ses parents, faisant toujours corps avec le groupe et ses déplacements, ils ont d'abord emménagé dans un appartement voisin, sur la basse corniche, puis place des Moulins, au cœur de la cité monégasque.

La période qui a suivi nous a vus grandir et passer au stade de l'adolescence. Nos influences culturelles correspondaient de moins en moins à celles de notre mère. Elle avait connu et représenté l'époque insouciante, inconsciente des Années folles. Mais pour nous, bof! Une autre actualité, bien plus engagée et novatrice se dessinait. Aux incubation puis éclosion autrement plus passionnantes et explosives. Et là, Maman a eu un peu de mal à suivre.

Give me an f...	*FFFFFF!*
Give me a u...	*UUUUUU!*
Give me a c...	*CCCCCC!*
Give me a k...	*KKKKKK!*
What that's for?	*FUUUCK!*
What that's for?	*FUUUCK!*
What that's for?	*FUUUCK!*

Country Joe Mac Donald avait dynamité les esprits à Woodstock, pic de la contre-révolution des *sixties.* Faisant scander ces quatre lettres et ce mot provocateurs à une foule de plusieurs centaines de milliers de personnes, l'été dernier. Excepté son patronyme de jeune fille, notre mère n'avait pas grand-chose en commun avec ce folk singer enragé. Encore moins avec les groupes plus ou moins azimutés se produisant dans le film et sur le triple album live. Un disque phénomène, étalé sur tous les rayons des disquaires et dont la pochette exhibait des jeunes gens se baignant nus. Une vision de la société hors normes, un mouvement massif en forme de vague, jamais enregistré au vingtième siècle.

D'après elle, on pouvait comprendre cette révolte face à l'establishment yankee et une guerre révoltante au Viet-nâm. Janis Joplin, *peace and love,* d'accord. Tout à fait d'accord. Magnifique. Mais pas d'une manière si peu éduquée. Et des tenues pareilles, aussi… négligées. Sans parler – mon dieu – de toute cette consommation de sexe et de drogue. Les Beatles ou Bob Dylan, ça allait encore. Mais les Stones, les Doors, Deep Purple, Led Zeppelin et surtout tous ces groupes de *heavy metal* aux noms encore plus affreux… Grateful Dead… Black Sabbath…

Elle présente, il était hors de question que ses enfants se métamorphosent en hippies contestataires et dénudés. Le désaccord familial et frontal prenait forme. Il pouvait se résumer à ce dialogue de sourds entre Maman et Moïse à la boutique de fringues monégasque « Lady M » :

« Qu'est-ce que tu as choisi ?

— Maman, je voudrais ce jeans à pattes d'éléphant…

— Non, mon chéri… ce n'est pas élégant… pas chic du tout, cette forme.

— Bon, alors la chemise à fleurs mauve…

— Ça ? Cette couleur étrange… et puis, c'est bien trop efféminé toutes ces fleurs… ce sont des vêtements pour… homosexuel…

— Mais qu'est-ce que ça peut faire ? Tous tes amis du spectacle le sont…

— Oui mais pas toi… Ne dis donc pas de bêtises !

— Mes copains non plus, figure-toi, et pourtant, en classe, tout le monde en porte. Les cheveux longs, pareil… pourquoi pas nous ?

— Parce que vous n'êtes pas des *beatniks*… débraillés… sales et si… si… de dos, on dirait des jeunes filles… de face, des travestis… non…

— Et *Jésus-Christ Superstar*, hein ? Le disque que tu nous as ramené de voyage ?

— Ce n'est pas pareil, voyons… Jésus, lui… était un prophète… à une époque biblique…

— Et alors ? Je m'appelle bien Moïse… prophète du *hard-rock*… Libre et pas complexé d'être juif comme tu le prétends à tes proches.

— Mais c'est compréhensible, voyons, dans ce monde difficile. Tout comme pour tes frères de couleur… ou ta sœur Marianne, jeune fille blanche actuellement isolée en Côte d'Ivoire, pour elle aussi, cela doit être spécial.

— Marianne, ça m'étonnerait, elle nous a fait savoir que depuis ton départ, elle s'éclatait là-bas, comme les Martin-Circus.

— Les qui ?

— Le nouveau groupe de rock à la mode… en France en tout cas. »

Rock, pop, des mots qui la dépassaient. Avant tout, un état d'esprit et des idées subversives auxquels se greffaient des comportements inquiétants. Pourquoi nous, ses enfants, n'écoutions-nous pas plutôt du jazz que cette… chose ? Pourquoi préférer voir ce film de déments, effrayant, cet opéra glam cauchemardesque intitulé *Phan-*

tom of the Paradise… plutôt que… je ne sais pas… *Le Dictateur* de Charlie Chaplin ? Le Dictateur, un chef-d'œuvre d'humour qu'elle admirait et dont la dernière tirade, en adéquation avec ses valeurs morales et sa philosophie de la vie, résumait le point de vue. Charlie Chaplin, un génie humaniste, un ami de longue date qui avait eu maille à partir avec la censure américaine, lui aussi. Un héros qu'elle devait rejoindre en Suisse dans le courant de l'année. Une histoire de gala pour la Licra.

En attendant, il fallait à tout prix éviter une contamination psychédélique de ses *kids*. Bientôt, elle nous a fait inscrire dans des cours privés cannois et niçois. Aux inscriptions onéreuses. Mais aux réputations impeccables.

C'est pas moi ! (bis repetita)

Malgré les mesures de prévention éducative nous concernant, Maman a perdu pied peu à peu. La lame de fond du *flower power* débordait toutes les digues morales, y compris et surtout dans les écoles privées. La plupart des ados, qu'ils soient ou non fils à papa, avaient soif de liberté, d'idées et musiques nouvelles, de flirts et de stupéfiants plus ou moins poussés.

Tout cela aboutissait à une rebelle-attitude quasi généralisée. Une forme de désordre sociétal que les adultes opposés, et souvent dépassés, peinaient à cerner et à maîtriser. Maman ne faisait pas exception, d'autant que sa carrière l'envoyait régulièrement par monts et par vaux. Elle perdait le contrôle entre Genève, Copenhague et Le Caire. Et dire qu'elle avait défilé pour le maintien d'un pouvoir contesté par un mouvement d'ouvriers, d'étudiants et d'artistes que ses propres fils admiraient. C'est à cette époque que Jacques Chazot avait sorti un bon mot qui se voulait affectueux : « Joséphine a commencé avec les bananes, elle finit avec le régime. »

Lorsque Maman a appris que les directions scolaires les plus strictes lâchaient du lest sur les permissions de sortie, le port des cheveux longs et des tenues *heavy metal* ou baba cool, en dépit de ses injonctions personnelles, elle a enfin réalisé l'ampleur du phénomène. Un renversement progressif et inéluctable s'opérait dans le pays et à la maison. De toute façon, au niveau strictement physiologique, mes frères aînés faisaient maintenant une tête de plus qu'elle et les autres adultes. Dans un rapport de force disciplinaire, c'était un aspect à (re) considérer.

Le conflit générationnel entre Maman et les grands frères a donc engendré une période durable d'engueulades et d'affrontements. Le dernier dont je puisse me souvenir n'avait pourtant rien à voir avec les bouleversements radicaux dans l'air du temps. Mais plus probablement avec la psychologie affective.

Comme je l'ai déjà dit, selon les valeurs de notre mère, rien de comestible ne devait être jeté ou gaspillé chez nous. Question de principe. Et encore moins un mets amoureusement préparé par elle-même. Or, un beau jour, Maman a eu la malencontreuse idée de cuisiner de la langue de bœuf. Un de ces plats à base d'abats que nous trouvions généralement dégueulasses : ça, la tête de veau, les pieds de cochon, les tripes et, pire encore, la cervelle d'agneau. Des chairs grasses, gélatineuses, visqueuses, qui vous donnent l'impression d'être un cannibale. Berk !

Dans ces cas-là, il n'y avait pas trente-six solutions : avaler ou ne pas avaler. La première option garantissait un vomissement discret d'une bonne moitié de la tablée.

La seconde, plus pratique, n'exigeait qu'une technique sommaire : enfourner un à un dans ses mâchoires les morceaux de cadavre, passer sa serviette sur les lèvres pour les y recracher avec soulagement, puis glisser sous la table les morceaux poisseux dans sa poche de pantalon. Pas très chic mais voilà ! Ni vu ni connu, on pouvait se rattraper sur les fromages et desserts.

À cette occasion-là, j'avais eu la chance d'avoir notre chienne Saphir couchée à mes pieds. Un fox-terrier adorable et aussi gourmand que n'importe quel animal. Toute ma part de langue de bœuf a été voracement engloutie et a terminé au fond de son estomac.

Oui, mais problème : des morceaux de cette viande abhorrée ont été retrouvés ensuite, abandonnés incognito derrière une plaque de chauffage. Maman ayant décidé un nettoyage général à l'étage, il s'agissait d'un manque de bol fâcheux. Suivi d'une promesse d'interrogatoire soutenu.

« Qui a osé ?

— C'est pas moi.

— Pas moi.

— Moi non plus…

— Ni moi… »

Et ainsi de suite, en faisant le tour de la table. Que nous avons été invités à quitter séance tenante. Très bien, puisque c'était comme ça, ou plutôt personne, Maman allait nous priver de nourriture jusqu'à ce que le coupable se désigne. Ou soit dénoncé. Allez ouste ! Tous dans vos chambres ! Excepté Marianne et Stellina, innocentées d'office, comme d'hab.

La crise a duré jusqu'au lendemain. Tout de même. Maman, furieuse et sûrement très vexée, ne voulait rien savoir. Nos estomacs commençant à gargouiller de faim, nous nous sommes réunis pour tirer au sort celui qui devait se sacrifier. Le coupable étant visiblement peu enclin à se dévoiler.

La plus grande allumette a désigné notre frère Jeannot, le Japonais. Teruya était son premier prénom mais personne ne l'appelait jamais comme ça. « Lumière », encore moins. Pauvre Jeannot Lapin, avec ses lunettes et ses cheveux en brosse, le plus sage et le plus doux d'entre nous. Et probablement pas fautif car incapable de cacher la vérité. Une punition exemplaire l'attendait, pourtant.

Quand il s'est dirigé vers la chambre de notre mère, tel un *kamikaze* piquant vers le cuirassé Missouri, on s'est groupés silencieusement en haut de l'escalier. De là, on pouvait suivre le dialogue qu'il échangeait avec notre mère.

« Maman… je voulais te parler.

— Bien, Jeannot… à quel sujet ?

— Au sujet de… des restes… de viande…

— Je t'écoute.

— C'est moi qui… qui l'ai fait.

— Fait quoi ?

— Heu… jeter la viande… celle que tu as préparée.

— Toi ?
— Oui, Maman.
— Tu es sûr ?
— Comment ?
— Ce ne sont pas plutôt tes frères qui t'ont envoyé ?
— Non, non… je suis sûr… c'est bien moi qui… »

Un silence d'incrédulité a suivi. Pauvre Jeannot « Lumière ». La situation le forçait à donner de faux détails, à la persuader de la véracité de ses dires, et devenait du coup hautement comique dans son évolution. Mes frères et moi nous pincions le nez pour éviter, en nous bidonnant, de nous faire repérer.

« Oooohh ! Jeannot… Comment as-tu pu faire une chose pareille ?

— Parce que… la langue de bœuf… c'est pas bon, Maman…

— C'est-à-dire ?

— J'aime pas ça… la langue de bœuf… les autres non plus…

— Pourquoi ne pas le dire ?

— Parce que… je ne voulais pas te faire de peine… »

C'était gagné. En plus, c'était vrai. Du coup, il n'a même pas été puni. Et nous, ce soir-là, on a eu droit à un plat bien de chez notre mère, dans le Middle West américain. Du riz à l'indienne et des morceaux de poulets panés maison. Ça, c'était sacrément bon, M'man. On s'en est mis jusque-là.

Renaissance

Cette période a débuté par un décès. Celui du général de Gaulle. Nous avons appris la nouvelle au dîner, dans notre cours privé à Cannes. Lorsque le directeur a également annoncé un jour de congé scolaire à l'échelon national, tous les pensionnaires ont explosé de joie. Le directeur nous a aussitôt rappelés à l'ordre avec fermeté et a réclamé dignité et retenue en ce jour funèbre. Il avait les yeux rougis par l'émotion. Lui aussi était un gaulliste convaincu. Au fait, et Maman… à l'autre bout du monde… elle devait être effondrée.

Ce fut pareil lorsque Fernandel a disparu, deux ans après. Ou Henri Varna, son directeur au Casino de Paris. Et Piaf et Cocteau, presque le même jour. Et Maurice Chevalier aussi. Contrairement à ce qu'on avait pu imaginer, cette disparition l'avait autant affectée. Pourtant, certains d'entre nous lui ont rappelé qu'ils n'étaient pas très copains depuis l'avant-guerre. Il frayait avec Mistinguett, sa grande rivale de l'époque, et l'avait bien traitée de charmante petite Négresse, non ? Et puis Maman, n'avait-elle pas dit de lui un jour : « Un grand artiste mais un petit monsieur » ? Elle nous a expliqué, avec de la mélancolie dans la voix, que tout cela n'empêchait pas le respect. Les souvenirs. Lorsqu'elle était marraine des pauvres à Montmartre et qu'ils s'étaient produits ensemble à cette occasion, ainsi que sur le front en 1940, tout le long de la ligne Maginot. Avec toutes ces disparitions endeuillant le music-hall, c'était toute une époque, la sienne, qui s'éteignait. Lumière après lumière.

En attendant, pour elle, une amorce d'éclaircie pointait. Les contrats tombaient, pas encore mirifiques mais, après avoir été au creux de la vague, sa carrière retrouvait sensiblement une courbe ascendante. C'est dans cette phase favorable que Maman a pu rendre service à son tour à la princesse Grace. Sous la forme d'un remplacement au pied levé lors du gala de la Croix-Rouge monégasque. Un événement qui a lieu chaque été au Sporting Club d'été.

Pour je ne sais quelle raison, Sammy Davis Junior avait planté l'organisation presque au dernier moment. La souveraine a alors fait appel à notre mère pour le remplacer au débotté. Performance pas évidente vu les contraintes de temps. Pas de problème, sponsorisée ou pas, J & B assurait toujours. Le public, aux tempes et aux poches argentées, l'a redécouverte à l'occasion de cette manifestation. Après toutes les déconvenues dont la presse s'était fait l'écho, ces gens fortunés, richissimes même, l'applaudissaient, paraissant admirer sa pêche et sa ténacité.

Par la suite, une tournée aux États-Unis a été organisée, produite par son filleul artistique Jean-Claude et « oncle » Jack Jordan. Avec, comme point de départ, la salle mythique du Carnegie Hall à New York.

Nous, parallèlement, on fréquentait la jeunesse dorée de la principauté. On pouvait désormais sortir en ville le soir et, le week-end, on ne s'en privait pas. Maman nous avait accordé d'un bloc une grande autonomie. Elle était lassée de batailler contre notre volonté. Et puis ses amis l'avaient convaincue de nous libérer du carcan parental. Eux-mêmes avaient agi ainsi avec leur progéniture. Ce phénomène libertaire était général, il ne fallait pas s'y opposer frontalement. Du jour au lendemain ou presque, nous sommes donc passés d'un encadrement rigide à une permissivité quasi totale. Et cela concernait aussi les plus jeunes. Moi et d'autres veinards.

Par l'entremise du Monte-Carlo Ski Club, on se rendait dans des stations savoyardes ou de l'arrière-pays niçois. Ça y déconnait et flirtait à tout va. Et, salut les copains, dans une atmosphère de relative simplicité. Les plus friqués de la bande n'en rajoutaient pas trop. Du moins avec nous. Notre célébrité faisait pendant à leur richesse blindée. Et puis, adolescents, on s'en fout un peu de tout ça. Ce qui compte, c'est de se marrer ensemble et d'oublier des résultats scolaires aussi poussifs que barbants.

Un soir, à la villa, on suit grâce à la télévision italienne le combat du siècle Clay-Foreman. Vas-y Muhammad, tout le monde fait ici en chœur. Dégomme-la cette brute, cet oncle Tom aux ordres des *rednecks* ! Pan ! Un crochet au foie. Pan ! Pan ! Pan ! Une série d'uppercuts ravageurs à la face. Foreman plie, il va céder. La foule zaïroise est au bord de l'hystérie. Ali représente tout ce que le peuple noir a de fierté, de courage, de talent. Pan ! Un direct dans l'œil de Foreman, boxeur haï et giclant du sang sur le ring. Maman, attirée par tout le remue-ménage, a grimpé à l'étage et découvre la raison de notre engouement. Elle reconnaît l'ex-Cassius Clay, sportif converti à l'islam et bien plus qu'insoumis ou objecteur de conscience vis-à-vis de la guerre du Vietnam, un champion en passe de reconquérir son titre et de faire un bras d'honneur à l'Administration Nixon. Un homme qu'elle admire pour son charisme incroyable et ses prises de position sociales et politiques, mais un homme qui, présentement, démolit à coups de swings et de punchs percutants un autre homme. Pan ! Pan ! Encore deux en pleine poire. Un frère noir, qui plus est, tuméfié, titubant, sacrifié à la vindicte géopolitique, à la démence africaine. Humaine. Ou plutôt le contraire à ses yeux, car elle pose sa main devant la bouche en gémissant, grimace et s'éloigne en invoquant plusieurs fois le Créateur de ce monde cannibale.

À la fin de l'année, Papa est revenu passer les fêtes avec nous. Toujours d'humeur égale et pragmatique, il a fait le point avec chacun d'entre nous. Nos études, nos projets, l'avenir, tout ça. Plus intéressant, il nous a demandé ce qu'on désirait comme cadeau de Noël. Là, on s'est engouffrés dans la brèche. La majorité des garçons désiraient des deux-roues, comme ceux des copains. Mobylettes pour les plus grands, bicyclettes pour les autres. Engins dont Maman ne voulait pas entendre parler. Trop dangereux. Surtout sur les routes de cette région où, selon elle, les gens roulaient comme des malades. Une fois, conduisant sa mini Porsche, elle avait même traité un chauffard de « salaud ». Dans sa bouche, le pire des gros mots. À l'emploi rarissime.

De même, elle a été parfaitement inexpressive le jour du réveillon. Lorsque pas moins de trois livreurs ont installé nos « cadeaux » paternels sur la terrasse de la villa. Mais, derrière les verres fumés de ses lunettes à épaisses montures, il n'était pas difficile d'imaginer ses sentiments. Tout en acquiesçant sobrement à notre joie, elle devait fusiller notre père du regard. Le pauvre, victime inconsciente de nos désaccords et manipulations. Voire de la jalousie de sa femme qui, en la circonstance, ne pouvait réagir ou s'opposer à cette euphorie générale.

Qu'à cela ne tienne, moins de deux semaines plus tard, elle obtenait gain de cause. Un motard de la gendarmerie de Roquebrune-Cap Martin s'est présenté à notre domicile, encadrant Moïse comme on procède avec un délinquant dans les films amerloques. Lorsque le gradé a actionné la sonnette de la villa, Mara, Koffi et moi avons sprinté vers la grille d'entrée.

« Salut Moshe ! » j'ai fait.

Lui, il sifflotait avec insouciance :

« Salut Arafat ! Ouvre la grille au monsieur, s'il te plaît.

— Y a un problème ?

— Bah ! Défaut de présentation de papiers... et non-respect de la ligne blanche... non, jaune... »

Face à notre trio, le gendarme paraissait circonspect : « Vous êtes de la même famille que... cette personne ?

— *Mara* : Oui... c'est notre frère.

— *Koffi* : Moïse...

— *Moi* : Dit Moshe... et alors ?

— Et alors... comme vous êtes tous les quatre mineurs, j'aimerais m'entretenir avec l'un de vos... vos parents... »

Maman est survenue, affolée, suite à notre appel via l'interphone. Le type l'a reconnue. Et saluée militairement. Moult explications, recommandations. Il l'a resaluée et s'est éloigné. Le soir même, à table, annonce de sa décision ferme. Et bien entendu, excessive. Tous les deux-roues, je dis bien tous, allaient retourner illico chez le marchand de cycles. D'autres cadeaux nous seraient offerts en échange. Pas de discussion. Papa n'a rien dit. Et pour cause. Entre-temps, il était reparti en Argentine après un nouvel accrochage (en général feutré et en privé) conjugal.

Et au nouvel an, vous souvenez-vous, les frangins ? Le truc qu'elle nous a fait... la sortie en boîte de nuit, l'X Club ou le Jimmy'z, tous ENSEMBLE. La table réservée face à la piste de danse et aux habitués de l'établissement. À savoir : la plupart de nos relations en principauté. Bref, la honte suprême. Se coltiner sa mère en discothèque n'est pas une sinécure. Contrôle des boissons, absence de joints, regards à la dérobée vers nos copines et copains animés d'une embarrassante curiosité. Série de slows où l'on se sent au point mort alors que la jeune fille que vous convoitez vous lance une œillade passant au feu vert. Maman, elle, détendue et souriante sur le *Message personnel* de Françoise Hardy. Expression plus circonspecte pendant la trouble et provocante *Décadanse* de Serge Gainsbourg. Carrément inquisitrice envers *Are you experienced* couplé à *The Wind cries Mary* de Jimmy Hendrix.

Ainsi de suite jusqu'au morceau de Patrick O'Sullivan, *Get down,* tube de l'époque monstrueusement calibré pour se déhancher en défoulement général. Illico, l'assistance s'est ruée sur l'aire de danse au moment de cette soudaine rupture de rythme.

Told you once before
And I won't tell you no more
So get down, get down, get down...

Une mélodie accrocheuse, structurée sur des paroles et un *beat* irrésistibles. Sous les lueurs stroboscopiques, cette décharge atmosphérique opérée par le disc-jockey a créé une ferveur dingue. Une partie de notre tablée familiale n'a pu y résister. Et, au milieu de cette frénésie ondulatoire, irradiante célébration de la jeunesse des années 70, Maman qui se dirige soudain vers le plateau encombré de clubbers en transe. Ôtant ses lunettes, elle s'est adaptée à la seconde au tempo ravageur de la chanson. Incroyable. Jambes tendues et réceptives jusqu'au bout des escarpins, mains et avant-bras moulinant des effets cadencés, visage relâché sur une nuque aussi mobile que sensitive.

And I'll like you if you can
So get down, get down, get down…

Nos potes et le personnel en sont restés comme deux ronds de flan. Scotchés ou admiratifs, certains applaudissaient Maman en se trémoussant auprès d'elle ou en l'indiquant du doigt à leurs voisins. Notre clan attablé et quelque peu sidéré, a observé l'événement avec force commentaires techniques. Et pas mal de tendresse. Bonne année 74, M'man. Au sens propre. Car à nos yeux, et vu les circonstances, tu devenais une femme moderne, intergénérationnelle. Quelqu'un du siècle, quoi.

Il manquait un homme dans ce foyer. Ainsi se résumaient les avis et conclusions de l'entourage de ma mère. Amis ou relations écoutant ses doléances quant à notre comportement. Les chambres que nous occupions étaient en désordre, certains répondaient avec insolence aux adultes, et à elle aussi, les mêmes faisant le mur de leurs internats, de nuit, avec des copains. Pour retrouver en ville dieu sait quelles fréquentations. Des drogués, peut-être. Des voyous. Des filles de mauvaise vie. Elle ne savait que faire.

Comme il n'était pas question de divorcer d'avec notre père, du moins pas avant notre majorité, elle a fait appel à quelques-uns de ses proches pour endosser, à l'occasion, le rôle casse-gueule de relais paternel. Service à rendre pas évident face une dizaine de jeunes gens aussi jemenfoutistes qu'arrogants.

C'est dans ces conditions délicates que nous avons revu Jean-Claude Brialy. En compagnie d'André Levasseur, concepteur de spectacles et créateur de fabuleux costumes scéniques, il préparait le nouveau Gala de la Croix-Rouge monégasque. Avec Maman à nouveau en vedette, officielle cette fois. Malgré son âge, bientôt 70 ans, sa cote artistique remontait. Il était question d'une reprise de ce spectacle à Paris.

Donc, en plein été, certains d'entre nous glandaient devant la télé à l'étage supérieur de notre demeure. Le Tour de France ou quelque chose dans le genre. Brialy s'est pointé dans la pièce en nous saluant brièvement. Puis, après un coup d'œil d'évaluation circulaire, en nous morigénant avec fermeté.

« Dites, les jeunes… vous avez vu l'état de ce salon ? C'est le souk du Caire ici ou quoi ? »

Pour toute réponse, soupirs et portes claquées en face de lui. Les aînés. Le beau Jean-Claude ne s'est pas démonté. Après tout, il n'était pas fils de militaire pour rien. Avachi sur un canapé, je l'ai vu débouler dans ma direction. Il indiquait quelque chose traînant sur le sol.

« Tu peux pas me ranger ça, toi ? qu'il m'a fait.

— Quoi, ça ?

— Ce pyjama... qu'est-ce qu'il fait là ? Tu crois que c'est sa place, par terre ?

— C'est un survêtement, d'abord.

— Et alors ?

— Sais pas... il est pas à moi.

— Et ces chaussettes sur le radiateur... sales, en plus... moi, quand j'avais ton âge, j'avais pas de radiateurs, pas de villa. Je vivais dans une chambre de bonne, avec l'eau courante dans la cour... eau froide... tu imagines, chéri...

— Dur...

— Dur, oui... non mais vous vous rendez compte du souci que vous donnez à votre mère... qui plus est alors qu'elle prépare un spectacle important et qu'elle est fatiguée... Elle fait un régime alimentaire, elle, pour y arriver... Toi, ça m'étonnerait que tu... mais, qu'est-ce que tu te mets autour des yeux ?

— Du khôl... comme Alice Cooper.

— Oui, ben là ça sera comme une femme de ménage... Lève-toi et fissa ! »

Râlant et m'extirpant du canapé, je me suis exécuté avec Jeannot dans l'accomplissement de ces tâches ancillaires. Ranger, nettoyer, pfff... quelle importance cela avait-il ? On était bien, nous, à notre étage. Un peu trop par chambrée, peut-être. Mais ça, avec les plus grands, ça n'allait pas durer.

Toi et moi

Le gala au Sporting Club a été un succès. Bien plus important que la dernière fois. Malgré la frilosité des assurances, cette revue animée par Brialy et Levasseur allait être produite à Paris. Maman préparait donc Bobino, Jean-Claude et moi le bac. À cette période, Moïse et Luis avaient quitté le foyer. Chacun d'eux, à 20 ans, vivait en appartement avec job et petite fiancée. Respectivement Monique et Michelle, deux chouettes jeunes filles avec qui ils allaient bientôt se marier. Avec l'aval un peu contrarié d'une mère possessive. Akio, lui, est allé en Suisse poursuivre des études supérieures. Jari, qui y avait fait une école d'hôtellerie, avait auparavant rejoint mon père en Argentine pour le seconder dans son restaurant.

Inexorablement, le temps délitait la vie en commun de notre famille. C'était dans l'ordre des choses. Un à un, nous allions suivre nos destinées respectives. Moi, à défaut d'être une rock star, j'hésitais entre le sport et le théâtre. Chroniqueur sportif ou acteur ? Brahim Bouillon ou Brian Baker ? Niveau initiales, je battais largement Bardot en tout cas.

Et les études ? Justement, un jour, j'arrive en retard au lycée Albert 1er de Monaco. Un établissement sérieux, où je croise parfois le prince Albert sous le préau d'une classe inférieure mais un lieu où on ne badine pas avec les horaires. Entrée en salle de classe refusée à l'élève externe que je suis. Merde. C'était le seul cours de la matinée. Et là-dessus, il se met à pleuvoir.

Prendre le bus et regagner la maison au plus vite. Seulement là, j'ai un problème. Maman. Qui est sur place, aujourd'hui. En passage éclair avant de reprendre un avion pour Paris. Si je lui dis la vérité, ça va barder pour ma pomme. Cool Raoul, relax Max, tranquille Cécile...

J'échafaude une excuse vraisemblable, inspirée par cette satanée averse. Au lieu de m'abriter comme tout un chacun, je me découvre au maximum sur le boulevard Princesse Charlotte. Tout ça pour arriver le plus trempé possible à la villa et prétexter un coup de froid en attendant un fichu car routier qui n'arrivait pas. À l'arrêt de Saint-Roman, notoirement privé de tout abri public. Voilà. C'est tout à fait crédible.

En escaladant les marches de notre jardin, j'ai aperçu le dos de Maman sur un des balcons. Je l'ai hélée aussitôt plaintivement, histoire de l'apitoyer. La pluie s'était interrompue depuis un moment mais ma chevelure bouclée à la Carlos Santana et mes vêtements dégoulinaient d'humidité. Même mes chaussures exsudaient une sorte de liquide poisseux.

Ma mère s'est retournée. Puis, vu le tableau que je lui présentais, inquiétée. Bien au-delà de mes espérances. Monter vite. Me sécher le visage. Me changer. Me couvrir de Vicks et me coucher car je tousse comme un tubard tout à coup. Et s'en aller chercher médicaments et boisson chaude. J'ai eu un peu honte d'avoir poussé le bouchon aussi loin. Mais ça me plaisait que Maman s'occupe de moi. Moi tout seul. Jusque-là, c'était toujours les enfants par-ci, les enfants par-là...

Alité et feignant (ça oui, et à double titre) un début de fièvre, j'ai amorcé avec elle un dialogue sur mon adoption. L'assistance publique d'Alger. Tous ces nourrissons. Pourquoi moi plutôt qu'un autre ?

« D'abord, tu es né le 3 juin, comme moi. Et puis, tu étais un si beau bébé... si beau...

— Ah bon ?

— Et aussi tu me regardais... ooooh ! avec de grands yeux tout étonnés... et tu me souriais...

— Ah bon ?

— Oui... Plus tard, quand tu as commencé à parler, on t'a fait goûter un peu de sel... ça pique, on te disait... et toi, tu faisais oui de la tête... "ta pit, ta pit..." Tu étais adorable... Marianne aussi... Je vous ai emmenés tous les deux.

— Dans le fond, ça n'est pas elle que tu préfères... de nous tous ?

— Pas du tout, je n'ai aucune préférence ! J'aime tous mes enfants… même ceux des autres…

— Mais avec Marianne, tu parles bien plus qu'avec nous… Elle t'accompagne très souvent… L'autre fois, tu l'as encore emmenée avec toi en Israël, voir la chef du gouvernement… Mme Golda Meïr.

— Oui mais vois-tu, mon chéri, il y a des choses qu'une maman peut transmettre à ses filles et pas à vous, les garçons… L'important, c'est qu'il faut que vous ayez un bon avenir, un bon métier. Je ne suis pas éternelle, vous savez… Toi, tu vas faire l'école de journalisme, à Lille.

— *Moi, dépité* : À Lille ?

— Oui, c'est la meilleure de France… et même d'Europe. »

Bon ! Adieu, Brian Baker. Pourtant, ça sonnait bien niveau artistique. À propos, en parlant de ça, un tintement sourd a envahi soudain mon oreille droite. Une douleur lancinante, une vraie punition du destin qui a pris des proportions inquiétantes. Comme une rage de dents au tympan. Ouaaaaah ! Qu'est-ce que c'était ? Otite, a diagnostiqué Maman. Et elle a filé me préparer un remède utilisé depuis son enfance. De l'huile bien chaude appliquée sur un coton-tige, à introduire ensuite à l'intérieur du pavillon. Doucement. Patience. Et ça a marché. En quelques instants, la souffrance aiguë s'est apaisée. Dodo maintenant, Maman a conseillé. Comme quand j'étais bambin, à Casablanca et Rabat.

« Tu ne veux pas faire couper cette tignasse de boucles ? qu'elle a ajouté.

— Pourquoi faire ?

— Tu es tellement plus… *good looking,* tu vois… avec tes cheveux coiffés en arrière, ça me rappelle des gens que j'ai connus, très élégants, tu sais…

— Dans les années 30 ?

— Oui, et après aussi…

— Ce genre de coiffure, Maman, ça fait trop Chicago d'Al Capone… le *business* américain… tout ce qu'on déteste dans ce pays.

— Et qu'est-ce que vous aimez de l'Amérique ? Ses contestataires, sa contre-culture ?

— Exactement… *Easy Rider,* par exemple, un film super que tu devrais aller voir… ou Jefferson Airplane… des gens très bien, contrairement à ce que tu penses. Jane Fonda, aussi… une idéaliste, comme toi… *pasionaria* de choc, non ? C'est pour des gens comme eux qu'on aime les States… et qu'on aimerait bien retourner à New York.

— Elle te plaît, Jane Fonda ? Oui ? En tant que quoi ? Actrice ou… activiste ? Les deux ? En tant que femme, alors… »

Elle m'a fait promettre de passer tout de même chez le coiffeur. Pour lui faire plaisir. Et puis, parce qu'il fallait la croire, j'avais bien plus de chances de séduire n'importe quelle femme ainsi remodelé. Je lui ai promis, juré, souri. Et ensuite, je me suis assoupi.

Quelques semaines plus tard, notre mère a fait un triomphe à Bobino. Me revoilà Paris, en body. Avec une ligne physique et une classe invraisemblables. Elle fêtait, par un fabuleux retour gagnant, ses cinquante ans de music-hall. Théâtre des Champs-Élysées, 1925-1975, Bobino. Elle était heureuse de son *come-back* et a appelé plusieurs fois à la villa. Un midi, elle est tombée sur Mara et moi. Sa voix était vaporeuse de bonheur.

« Bonjour, mes chéris… Tout va bien à la maison… Oui ? Et en classe ?

— *Moi* : T'inquiète pas… Et toi à Paris ? Avec toutes ces répètes, ces coiffes et ces costumes qui pèsent des tonnes, pas trop fatiguée ?

— Si, un peu… un peu…

— Il paraît qu'il y avait le ministre de la Culture à ta première ?

— Oui… et Jean-Claude… Brialy… qui présente divinement le spectacle… a lu un message du président Giscard d'Estaing. Toute l'équipe de la revue est épatante…

— Toi aussi, Maman, apparemment… J'ai lu que le Tout-Paris t'a ovationnée debout pendant plusieurs minutes, c'est vrai ?

— Oui… formidable… la princesse Grace était là…

— Oui et Sophia Loren, j'ai lu… Alain Delon, Mireille Darc, Nicoletta, Thierry Le Luron, Chazot, Régine, le coiffeur Alexandre… que du beau monde !

— Oui… oui… et votre idole rock, aussi… Mickey Jagger… celui du groupe que vous suivez actuellement… pas les Beatles, les autres…

— J'ai pas lu ça… Mick Jagger ? Des Rolling Stones ? Tu es sûre ?

— Mais oui… le chanteur de ce groupe. Jagger… Tu vois, ta mère n'est pas si mal que ça, avec son music-hall, comme l'a dit l'autre jour la petite speakerine… comment… Danièle Gilbert, à l'émission *Midi Première*… et puis, les Américains étaient là aussi… Maintenant, ils veulent parler *business*… Une autre tournée, un livre… et un film, tu te rends compte ?

— Tu vas regagner beaucoup d'argent…

— Ma foi, c'est pour vous que je fais tout ça. Et tu vois, je suis encore là.

— Oui, Maman. La preuve, avant-hier, quand tu as fait le tirage au sort de la Coupe de France de football… en direct à la radio… ça, je l'ai lu dans *L'Équipe*.

— Oui, je n'ai rien compris à… cette chose. J'étais avec Gilbert Bécaud dans ce studio de radio et il y avait tous ces gens… ces boules et ces papiers à déplier…

— C'était les dirigeants des clubs concernés… En plus, tu as sorti du chapeau Nancy – Saint-Étienne…

— Ah, c'est bien, tu crois ?

— Tu parles ! Le club de Platini ! Le futur crack du football français contre la grande équipe des Verts ! La meilleure de France en demi-finale de Coupe d'Europe… quelle affiche !

— Mon Dieu, j'oubliais… le président du club de Nancy… je lui ai parlé de vous… votre passion pour le football… il a promis… j'oubliais, tu vois… il a promis de vous envoyer le ballon du match… signé par les joueurs des deux équipes. Vous êtes contents ? Oui… Sois sage… je t'embrasse… passe-moi ton frère… »

Mara a saisi le combiné. On était au mois d'avril 75. Un coup de fil lointain, flottant de félicité. C'est la dernière fois qu'on l'a entendue.

Épilogue

Tout (et n'importe quoi) sur ma mère

C'est notre père qui a pris ensuite le relais de la responsabilité familiale. Les plus jeunes d'entre nous ont été élevés par ses soins à Buenos-Aires tandis qu'il finançait les études et les débuts professionnels des aînés, partagés entre capitale et Côte d'Azur. Et ce jusqu'à sa propre disparition, près de dix ans après celle de sa femme. De toute façon, pour raisons d'évolution naturelle, la fin de la vie en commun du clan était programmée. Elle a juste correspondu avec celle de Maman. Depuis, Tantie Margaret et Oncle Elmo nous ont quittés. Et notre frère Moïse également, des suites d'une longue maladie. Destin et choses de la vie qu'il faut bien accepter. Quelque chose qui m'évoque ces plages musicales aux accords mélancoliques de l'artiste britannique Enya, une voix et des tonalités sonores en phase avec notre histoire.

Pas mal de commentaires erronés ont circulé au sujet de notre mère ou de notre famille, que ce soit le fait de biographes à fantasmes ou de journalistes peu consciencieux.

Florilège :

Joséphine Baker aurait adopté de nombreux enfants pour des raisons publicitaires : erreur. Pour peu que l'on connaisse le personnage, on peut être certain qu'il est exempt de stratégie ou de calcul. La preuve : si notre mère s'était contentée de vivoter dans son manoir du Vésinet et de gérer ses acquis, comme la plupart des gens fortunés, elle aurait subi moins de revers et d'avanies durant sa vie.

Joséphine Baker avait la folie des grandeurs : possible. Mais toujours accordée à celle de sa générosité et de ses idéaux. Pour elle, la Tribu était planétaire. Nous, vous, tout le monde. Malheureusement, ce genre de concept ne pouvait se réaliser dans un petit meublé.

Joséphine Baker se serait servie d'orphelins de toutes origines comme de cobayes : s'il est vrai que nous avons été un champ d'expérience, ce fut toujours dans un cadre familial et exemplaire. Si tous les dirigeants de notre planète pouvaient partager cette vision…

Joséphine Baker était une danseuse évaporée et excentrique : possible. Mais également jeune marraine des miséreux de Montmartre, membre d'associations humanitaires les plus diverses, et artiste capable d'exiger des théâtres et cabarets ségrégationnistes, où elle se produisait, d'admettre tous les *colored people* et autres exclus de la société. Comme en 1951, au Copa City de Miami, établissement de spectacles qui a cédé face à elle après d'âpres négociations. Idem au Strand de New York ou dans les patelins les plus reculés. Des engagements personnels en réponse aux injustices et aux horreurs perpétrées par les hommes en temps de paix comme durant les nombreux conflits de son siècle. C'est pour cette raison qu'elle a été commémorée récemment à Cuba et aux États-Unis. En Allemagne et en Israël. En Suisse comme à Monaco. Preuve que légèreté n'est pas synonyme de futilité.

Joséphine Baker était une mystique : vrai. Mais bon, saine et mesurée ! Ni sectaire, ni punaise de sacristie. Exemple concret : au-delà de la petite enfance, le catéchisme n'a plus été imposé à mes frères et sœur de confession catholique. Libre à eux de choisir ensuite leur voie spirituelle.

Joséphine Baker fut une nymphomane : quelle réponse faire à ce genre d'assertion ? Soit « Qu'est-ce que vous en savez ? » soit « TANT MIEUX POUR ELLE ! », comme l'aurait grogné Michel Simon, décédé quelques semaines après son amie de toujours. Cependant, petite contradiction tout de même : après-guerre et jusqu'à la fin de ses jours, personne ne l'a vue au bras d'un autre homme que Jo Bouillon, son mari.

Les enfants de Joséphine Baker ne seraient pas dans le *show-biz* : vrai. À une ou deux exceptions artistiques près, l'ensemble de mes frères et sœurs pratiquent des métiers que Maman aurait jugés convenables : hôtellerie, assurances, banque, impôts, cabinet médical, horticulture, etc.

De plus, la fratrie reste solidement unie. Sauf, peut-être, dans nos tendances politiques. Il y en a même un ou deux, pardon Maman, qui ont voté pour le PCF.

Pour le reste, malgré les distances et les trajectoires de vie plus ou moins confluentes, nous nous voyons, nous nous parlons et nous nous aimons. Mariages, anniversaires, déprimes, voyages, baptêmes, courriers, coups de fil, dimanches ou fêtes de fin d'année, les occasions ne manquent pas de garder le contact. Et la nouvelle génération pousse, en attendant. De la plus blonde de nos nièces à la plus métissée. Et nous nous efforçons tous, au quotidien et à notre façon, d'appliquer autour de nous les principes de l'école de l'Universel que Maman nous a inculqués. En ces temps de communautarismes et de racisme pandémiques, ça n'est pas du luxe, croyez-moi. Et on peut observer aujourd'hui seulement à quel point notre mère fut pionnière en matière d'humanisme et de progrès.

Pour finir, je me remémore cette énième fois où une bêtise avait été commise au château et où, comme d'habitude, personne n'était coupable ni ne savait qui l'était. Maman était furax. Nous allions tous de nouveau être punis. À cause d'un seul. Mais elle savait qu'elle n'obtiendrait pas le nom du fautif. Ni la vérité. Malgré tout, avait-elle confié à des amis avec fatalisme, elle avait au moins réussi cette chose avec ses enfants… une chose essentielle à ses yeux… oui, elle avait au moins réussi cela : ce lien, cette solidarité confraternelle entre eux.

Épilogue (suite)
Osez Joséphine

Cela a débuté par un coup de téléphone durant le long week-end de Pâques. Une voix féminine m'est parvenue, grésillant à l'autre bout du fil. À cause du réseau, limité.

« Brian Baker ? »

— *Moi* : « Lui-même… enfin, Brian Bouillon-Baker.

— *Elle* : Bonjour, je suis Jennifer Guesdon. Êtes-vous sur Paris, actuellement ?

— Non, à Granville… en Normandie. C'est à quel sujet ?

— La panthéonisation de votre mère, Joséphine Baker. Elle la mérite, je pense. »

Je sourcille : « Tiens… Ça me rappelle quelque chose.

— Ça vous rappelle quoi ? La proposition de M. Régis Debray, vous voulez dire ?

— Exactement. Et son article paru dans *Le Monde*… il y a 7 ou 8 ans, je pense. »

— *Elle, pugnace* : Sauf que nous, on organise une campagne cette fois. Via une pétition en ligne.

— *Moi* : Qui ça, nous ?

— Nous, le comité… À savoir, Laurent Kupferman, essayiste : c'est l'initiateur de cette campagne. Ensuite, Pascal Ory, historien et académicien. Et puis moi-même… Ça vous dirait de nous rejoindre ?

— Qui vous a fourni mes coordonnées ?

— Gilles Trichard, également journaliste… Que vous connaissez, il me semble.

— Gilles… bien sûr !

— Alors, Brian ?

— Alors… Alors, *banco*. Rien à perdre, non ? »

Elle a soufflé un coup. « Super ! Rien à perdre, au contraire… Ça va buzzer, croyez-moi. On se rappelle à votre retour ?

— OK, Jennifer. Bon week-end à vous.

— Au fait, je ne vous ai pas précisé une chose.

— Quoi ?

— Le nom de cette campagne.

— Non… Au fait, c'est lequel ?

— Osez Joséphine… »

Puis elle a raccroché.

En mai, le projet avait grandement évolué. Une grossesse fulgurante.

Des dizaines de milliers de signataires en ligne, ponctués par des clips d'anonymes et de personnalités diverses : Line Renaud, Stéphane Bern, Fabienne Thibaut, Jack Lang, Laurent Voulzy, Germinal Peiro, Marie-Paule Belle, Jean-Marie Perier, Nicoletta, Pascal Bruckner, Joe

Bocan, Lisette Malidor, aussi Julie Andrieu et Nicole Rochelle dans sa tenue Années Folles du spectacle *À la recherche de Joséphine* de feu Jérôme Savary, gazouillant : « OSEZ Joséphine, Monsieur le Président… moi, j'ose. » Ne manquait plus que Laurent Ruquier, déjà en ébullition lors de la première proposition Debray.

Vers la fin du mois, coup de tonnerre. Notre comité de campagne est invité à l'Élysée. Pour un rendez-vous classé *top-secret*.

Coups de fil, congratulations, émotion. L'accouchement s'annonce prochain. Mais, prudence, tout de même. Le bébé n'est pas encore né.

Le 25, Jennifer Guesdon, Laurent Kupferman, Pascal Ory et moi-même déjeunons au restaurant avant de nous rendre au palais présidentiel. Laurent a le trac. C'est un sensible. Tout en bonhomie, Pascal Ory évoque le contexte historique des débuts parisiens de ma mère. Jennifer et moi dégustons ses propos, l'instant, notre plat.

Et puis, c'est enfin l'heure. On y va.

L'Élysée : barricades de protection, guérites de sécurité, cour de graviers donnant sur un perron de quelques marches. Ensuite, gardes républicains, dorures, moulures, salons chargés d'œuvres et surtout d'histoire.

Dans l'un d'eux, nous sommes chaleureusement accueillis par deux conseillers du Président. L'un, mémoriel. L'autre, militaire.

« Bas les masques, propose le premier. Nous sommes tous vaccinés, pas vrai ? »

On se pose. Et on cause. Très tôt, la tendance et l'atmosphère tournent à l'optimisme.

Le Président Macron est un fervent admirateur de Joséphine Baker, nous informe le conseiller mémoriel. Son homologue militaire confirme, et nous cite les états de service de celle-ci : agent de renseignements pour les Forces françaises libres, officier de l'Armée de l'air, croix de guerre, de Résistance, de Lorraine, chevalier de la Légion d'honneur à titre militaire.

Un courage exceptionnel, qui a pesé dans la décision présidentielle.

L'emploi du passé composé nous laisse sans voix sur le coup. Maman ira bien au Panthéon. Symboliquement. Car sa dépouille demeurera au cimetière de Monaco. Près de la tombe de la Princesse Grace, sa chère amie des dernières années de sa vie. C'était le vœu de notre tribu « Arc-en-Ciel ».

Après ce deuxième coup de tonnerre, un troisième survient dans la foulée. L'entrée subreptice de Mme Brigitte Macron dans la pièce. Qui ne souhaite pas nous déranger. Juste nous saluer.

La première dame nous propose ensuite de rompre le garde-à-vous spontané, et puisque l'entretien protocolaire touche à sa fin, une visite guidée par ses soins du Palais. Il faut en profiter, nous confie-t-elle. La ruche est calme aujourd'hui, car son mari est en déplacement à Bruxelles.

Elle ôte ensuite son masque sanitaire, rayonnante et souriante, et nous la suivons le long des couloirs du château. Sidérés, honorés, charmés.

Maintenant, tu montes à l'étage supérieur. Un huissier t'y accueille et te conduit vers le bureau présidentiel. Sous le *shooting* continu de deux photographes maison.

À l'intérieur, le majordome argenté et ganté te présente, ainsi que tes coéquipiers au président de la République. M. Emmanuel Macron.

Lequel, décontracté, en chemise blanche à col ouvert, nous prie de l'excuser pour cette attente prolongée. Nous prie de nous installer sur des canapés. Nous prie ensuite de développer notre sujet : « Je vous écoute… »

En juin, la campagne « Osez Joséphine » bat son plein médiatique. Télés, radios, journaux, couvrent cet événement qui interroge et surprend.

À l'étranger, également. Correspondants de presse anglais, allemands, canadiens, espagnols, israéliens, américains… Jusqu'à un moscovite de *La Pravda* qui en fait un sujet culturel.

Mais personne ne sait ce qui se prépare. Même pas ma famille, trop nombreuse pour être informée.

Le rendez-vous prévu avec le Président est confirmé au début du mois de juillet. Il aura lieu le 19. Puis il est tardivement décalé au 21.

Du coup, Pascal Ory manque à l'appel. Il est remplacé par Pascal Bruckner et Laurent Voulzy. Ce dernier, bénéficiant d'une grosse cote de popularité avec tous les services de sécurité, entre avec nous sous leurs *selfies* admiratifs.

Nous sommes cinq représentants du comité cette fois, patientant dans le même salon et face aux mêmes conseillers du Président.

Humour et bonne humeur sont partagés. Cela dure un moment. Le retard est dû à un conseil des ministres exceptionnel de crise sanitaire.

Je file aux toilettes et croise, dans le hall d'entrée, le Premier ministre chargé de dossiers. Tellement affairé et concentré à les classer qu'il ne me remarque pas. Hé là Jean Castex, je vous ai pourtant salué.

Je note que son départ signifie la fin du conseil ministériel. C'est bientôt à nous. Laurent Kupferman doit avoir de nouveau une montée d'adrénaline. Mais c'est pour la bonne cause. Maman, le Président a officiellement décidé ta panthéonisation. L'annonce en restera secrète jusqu'à la fin de l'été, et son exclusivité en sera finalement confiée au quotidien *Le Parisien*.

Emmanuel Macron admire ta trajectoire humaniste et internationale. Il admire également ton intégration modèle. Et sait combien tu as aimé et servi la France. Il connaît même tes films et tes chansons, qui ne sont pourtant pas de sa génération. C'est sa grand-mère chérie qui l'a initié au *music-hall*, genre artistique que tu as superbement représenté pour lui.

Une révélation personnelle, ponctuée d'un clin d'œil complice.

Mais il ne connaît peut-être pas cette blague populaire qui circulait à ton sujet du temps de ta fidélité indéfectible envers le général de Gaulle.

Ça donnait ceci : « Joséphine a commencé avec les bananes… Et elle finit avec le régime. »

Maman, tu n'aurais jamais osé le réclamer, mais le 30 novembre tu vas rejoindre au Panthéon les grandes femmes et les grands hommes de la Nation. Toi qui affirmais que la France n'était pas ton pays d'adoption, mais ton pays tout court. Toi qui souhaitais que l'on prononce ton nom à la française. « Bakair ! Pas Becker ! »

Tu vas ainsi sceller pour l'éternité ton destin fusionnel avec ce pays adoré.

Des paroles originelles de ta plus célèbre chanson, gageons que l'avenir en corrigera la première strophe.

« J'ai deux amours : c'est la France et Paris. »

Correspondance de Joséphine Baker avec la princesse Grace de Monaco

Après avoir été une Princesse providentielle, Grace de Monaco fut une confidente pour Joséphine Baker. Point fort de leur complicité, elles partageaient des préoccupations communes en matière d'éducation des enfants. Où qu'elle fut, Joséphine lui envoyait des lettres dans laquelle elle évoquait ses soucis avec sa « Tribu Arc-en-ciel », ses indignations face au monde ou ses préoccupations d'artiste vieillissante.

Voici en exclusivité quelques extraits de ces courriers.

* * *

Le 9 avril 1970

Princesse Grace,

Just a word to say thank you, nothing more, what a wonderful feeling to not tremble for a while.
Your grateful and fidele

Josephine B.

Le 1er octobre 1971

Altesse,

Il y a longtemps que je ne vous ai pas envoyé de nouvelles. Mais c'était l'été et vous étiez si occupée par vos devoirs de mère de famille et de Princesse.

Pour ma part, j'étais occupée à essayer de suivre mes enfants car les grands me donnent beaucoup de mal et de souci. Je souffre parfois beaucoup […]

Stellina est la seule de mes enfants qui reste à Monte Carlo et bien fière d'être dans la même école que la petite Princesse Stéphanie. Elle m'a dit : « Maman, c'est une Princesse vraie, qu'on peut toucher, pas comme dans les contes de fées. »

Marianne est en Côte d'Ivoire, dans une famille que je connais, avec son frère Koffi. Comme je dois profiter que tous soient en pension pour beaucoup travailler afin de me sortir de mes soucis financiers. Je l'ai envoyée là-bas avec son frère. Ainsi, je serai plus tranquille.

Elle a l'âge où les petits garçons l'intéressent. C'est normal mais elle est trop jeune (15 ans).

Koffi se trouve mieux dans son pays d'origine. En Europe, il était complexé à cause de sa couleur. Maintenant, c'est au tour de Marianne de l'être à cause de la sienne. Nous vivons sur une drôle de planète…

Akio et Jeannot sont au Japon chez notre amie Madame Miki Sawada, la grand-mère de vos deux filleuls japonais.

Moïse désire retourner en Israël. Il est complexé ici parce qu'il est juif. Il ne s'en rendait pas compte, mais à présent qu'il a entendu des filles dire qu'elles ne sortiraient pas avec un juif pas plus qu'avec un noir, il sait ce que c'est d'être juif.

Luis sait qu'il est noir mais il est en admiration devant votre vedette de football de Monaco et il rêve de devenir une gloire de l'équipe monégasque.

Jean-Claude n'a pas de complexes : il est chez lui et dit qu'il est blanc donc sans souci de racisme. Du reste, il se prétend supérieur aux noirs… j'ai été bouleversée et j'ai vu que je n'avais pas eu tort de craindre les mauvaises influences autour de lui.

[…]

Moi, je me demande si je vais finir par avoir un jour la paix de l'âme et je me demande aussi si j'appartiens à la race humaine ou à celle des singes qui sont devenus humains, après avoir vu les trois films de la Jungle.

Le 11 mai 1974

Chère Princesse Grace,

Comme le temps passe rapidement, c'était comme hier que nous étions à la préparation de votre grande fête […]. J'espère que vous avez reçu les petites fleurs pour marquer ma fidèle amitié et que votre époux a reçu le petit souvenir, le poisson en cristal. Ce poisson est le symbole de l'amour de la mer. J'aurais voulu vous envoyer quelque chose de plus important mais je sais combien vous détestez que je dépense trop d'argent et que vous êtes tellement simples et gentils tous les deux qu'un petit souvenir vous suffit pour que vous sachiez que, nous qui vous aimons, vous sommes fidèles […].

Je vais au Japon pour des récitals et, grâce à notre amie, j'aurai l'honneur de chanter devant l'empereur […]

Stellina a découpé toutes les photos qu'elle a pu trouver de vous et de votre famille pendant les fêtes. Sa petite crise de jalousie concernant la Princesse Stéphanie est passée. Elle croyait que Princesse Stéphanie aimait mieux ses petites amies qu'elle. Elle me disait « Maman, Stéphanie me regarde à l'école et ne veux pas jouer avec moi. » Je lui ai dit que c'est une idée de sa part et que la jalousie est un très vilain défaut. En tout cas, tout va bien maintenant, et « all is quite on the Western Front ».

Le 13 mai 1974

Chère Princesse Grace,

J'ai eu le plaisir de voir le film en couleurs de votre époux et vous, avec toute la famille. Toute la salle était enchantée du reste, et hier soir, nous étions gâtés d'avoir un film à vous à la télévision.

Je ne vous ai jamais vue au cinéma. C'est honteux de le dire mais c'est quand même la vérité et ma joie a été grande de trouver sur l'écran une toute jeune fillette et d'avoir le plaisir de jouir de l'amitié d'une princesse charmante.

Souvenez-vous quand vous avez eu la bonté de faire passer mon horrible film. Vous m'avez dit, ne soyez pas surprise si vos enfants ne vous aiment pas parce que les miens ne me trouvent pas bien non plus et le Prince avait répondu « surtout Albert n'aime pas quand quelqu'un embrasse sa maman ». Cela m'a fait bien rire, mais certainement hier au soir, ils ont du vous aimer comme nous tous.

Berlin, le 15 décembre 1974

Chère Princesse Grace,

Merci de votre petit mot concernant les roses d'Afrique du Sud qui étaient du reste bien curieuses n'est-ce pas. Mais jolies dans le genre.

[…]

Je suis en pleine préparation des conférences sur les injustices humaines de l'Afrique du Sud qui m'ont littéralement bouleversées. [...]. Tout ce que je peux vous dire c'est que la situation est lamentable et toute erreur ou mensonge que quiconque pourrait commenter sur la situation là bas est encore très lointaine de la vérité ; alors imaginez-vous ce que c'est !

Paris, le 28 mars 1975

Chère Princesse Grace,

Vous avez dû avoir le compte-rendu de nos débuts le 25 mars dernier.

J'ai été très émue de constater que les Parisiens ne m'avaient pas oubliée mais il me fallait me donner la chance de me produire devant eux et c'est grâce à vous que le miracle est arrivé.

Évidemment, comme je n'ai plus vingt ans, je suis, comme toutes mes camarades de travail, complètement épuisée par les répétitions mais petit à petit nous reprenons le rythme normal de la vie. [...]

M. Astrid est venu nous voir le 23. Nous avons parlé des trois galas que je dois faire cet été.

Nous nous sommes mis d'accord sur les chiffres qu'il vous communiquera certainement. Cinquante pour cent reviendra à la Croix-Rouge. Il ne faut pas me gronder car ceci est un plaisir pour moi qui admire tant votre œuvre.

Table

Deuxième partie
Paris (1968-1969)

Épilogue

IMPRIM'VERT®

Achevé d'imprimer par CPI,
en mars 2022
N° d'imprimeur : 169461

Dépôt légal : novembre 2021

Imprimé en France